Collection *Pas à Pas*

De 1 à 3 ans

les tout-petits

LES TITRES DE LA COLLECTION *PAS A PAS*
PUBLIES CHEZ GUY SAINT-JEAN EDITEUR:

De 1 à 3 ans: Les tout-petits
De 3 à 5 ans: L'âge préscolaire
De 6 à 8 ans: Les premières années d'école
De 9 à 12 ans: Les préadolescents

Pour les merveilleux parents de merveilleuse petite Nora.

G'maman le 7 déc. 04

Collection *Pas à Pas*

De 1 à 3 ans

les tout-petits

Holly Bennett et Teresa Pitman

Traduit de l'anglais par Madeleine Hébert

Adapté pour la France par Monique Thiollet

Préface du Dr Yves Lamontagne

Guy Saint-Jean
ÉDITEUR

Nous reconnaissons l'aide financière du gouvernement du Canada par l'entremise du Programme d'Aide au Développement de l'Industrie de l'Édition (PADIÉ) ainsi que celle de la SODEC pour nos activités d'édition.

Patrimoine canadien Canadian Heritage

Canada

SODEC Québec

Gouvernement du Québec – Programme de crédit d'impôt pour l'édition de livres – Gestion SODEC.

Photo de la couverture: Multimédia
Conception graphique: Christiane Séguin
Traduction: Madeleine Hébert
Adaptation: Le Magazine Enfants Québec, par Claire Foch
Adaptation pour la France: Monique Thiollet
Révision: Andrée Laprise

Dépôt légal 3e trimestre 2001
Bibliothèques nationales du Québec et du Canada
ISBN 2-89455-115-0

GUY SAINT-JEAN ÉDITEUR INC.,
3172, boul. Industriel, Laval (Québec) Canada H7L 4P7. (450) 663-1777.

GUY SAINT-JEAN ÉDITEUR FRANCE,
48, rue des Ponts, 78290 Croissy-sur-Seine, France. (1) 39.76.99.43.

Imprimé et relié au Canada

Table des matières

Remerciements

Nous désirons remercier toutes les personnes qui ont contribué à la réalisation de cette collection de livres: les parents et les spécialistes qui nous ont généreusement fait part de leurs idées sur le développement des enfants et de leurs expériences dans ce domaine.

Merci aussi à nos enfants, qui nous ont appris énormément sur notre rôle de parents, ont rendu nos vies plus riches et plus intéressantes et nous ont même pardonné nos multiples erreurs!

Finalement, nous adressons nos plus sincères remerciements à l'ancienne rédactrice en chef de *Today's Parent*, Fran Fearnley, qui nous a fait confiance il y a plus de dix ans et est restée pour nous une merveilleuse amie et conseillère.

L'éditeur tient à remercier Claire Chabot, rédactrice en chef du Magazine Enfants Québec *et son assistante, Nathalie Dorais, pour leur collaboration.*

Préface

L'éducation des enfants est sûrement l'expérience la plus enrichissante que des êtres humains puissent connaître, mais c'est également un cheminement très compliqué. En effet, tous les parents sont différents; ils possèdent des qualités et des défauts particuliers, des conditions socio-économiques variables, des notions d'éducation et d'instruction diverses, un profil génétique unique et des expériences de vie qui varient selon l'âge, la langue, la culture et les coutumes. Il en va de même pour chaque enfant qui, en plus d'être issu de deux personnes avec leurs caractéristiques propres, a lui aussi une personnalité, une intelligence, des émotions et des réactions qui en font un modèle unique.

Voilà pourquoi il n'y a pas de dogmes dans l'éducation des enfants. Chaque parent doit prendre ce qui lui convient dans ses lectures ou au cours de discussions avec des amis ou des professionnels. Il n'y a donc que des suggestions, des idées et des conseils qui peuvent être donnés et appliqués selon l'intérêt et les préférences de chacune et chacun.

Les quatre livres de la collection *Pas à Pas* sont, en ce sens, intéressants. De façon très pratique, ils touchent des points de la vraie vie à laquelle les parents sont confrontés quotidiennement et ce, à chaque stade du développement de leur enfant. Bien plus, ils contiennent des anecdotes et des suggestions pratiques qui sont rapportées non seulement par des professionnels, mais par des parents.

Celles et ceux qui cherchent la «Vérité» seront déçus car, heureusement, l'éducation des enfants ne s'apprend pas dans les livres; elle se vit au jour le jour. La lecture d'ouvrages sur le sujet nous permet seulement de comparer notre expérience avec celle des autres et, espérons-le, d'augmenter notre compétence. En ce sens, le ton positif, humoristique, sans jugement de valeur et rempli de compréhension pour les enfants fait de ces volumes une source de références qu'il est toujours bon de garder à portée de main.

Dr Yves Lamontagne

Introduction

Avec le premier anniversaire de votre bébé, vous entrez dans un tout nouveau monde. C'est un excellent moment pour s'arrêter un peu et réfléchir aux progrès déjà accomplis. Après tout, votre enfant et vous avez survécu aux nuits sans sommeil et aux crises de larmes, aux marathons d'allaitement et aux inquiétudes de la première maladie!

Maintenant, vous pouvez contempler chez votre solide tout-petit, devenu énergique et expressif, les merveilleux résultats de vos bons soins. Il peut se déplacer tout seul (ou presque), exprimer ses désirs, ses besoins, ses émerveillements ou ses chagrins (la plupart du temps) et surtout, affirmer son individualité.

Après avoir traversé l'intense période de la première année de votre bébé, vous pensez peut-être pouvoir vous reposer un peu. Mais n'y comptez pas trop! Même les parents qui adorent cette étape de un à trois ans (et nous sommes nombreux), admettent que les tout-petits demandent beaucoup d'énergie et d'attention. Votre enfant fera face à plusieurs défis au cours des deux prochaines années: de la maîtrise des subtilités du langage à ses premières tentatives d'indépendance. Comme une éponge, il essaiera de tout apprendre sur le monde qui l'entoure. Cela le stimulera à explorer, à grimper, à toucher, à goûter et à expérimenter sans fin. Préparez-vous donc à vivre une période intense et, parfois même, tumultueuse.

Cependant, ne vous découragez pas. Les tout-petits sont des êtres charmants, amusants, affectueux et merveilleux. La personnalité attachante de votre enfant, qui commence à s'exprimer, vous fera oublier les occasions où vous désespérez de lui faire accomplir même les gestes les plus simples. Et souvent, sa courageuse détermination à apprendre et à grandir vous étonnera et vous fera oublier votre impatience occasionnelle devant sa timidité et son manque d'audace. Chose certaine, même quand il aura atteint la stabilité relative de l'âge préscolaire et scolaire, il restera toujours dans votre cœur une place bien spéciale pour l'amusant bébé-enfant de cette période.

Un équilibre délicat

dépendance et indépendance

La vie d'un tout-petit entre un et trois ans est dominée par les tiraillements constants entre ses besoins de sécurité et de réconfort d'une part, et l'aide qu'il réclame dans sa quête intrépide pour acquérir les capacités et les habiletés des adultes de son entourage, d'autre part. Une telle intensité de progrès et de régressions dans son développement, accompagnée d'humeurs et de besoins changeants, ne se reverra ensuite qu'à l'adolescence.

Le développement accompli durant la période d'un à trois ans est remarquable. A son premier anniversaire, votre bébé vient tout juste d'apprendre à marcher ou le fera très bientôt. Mais à trois ans, il pourra courir et sauter, converser avec aisance et utiliser les toilettes. Il sera également capable de manger et de s'habiller presque tout seul, de rouler en tricycle et de faire fonctionner le magnétoscope. En gros, il fait, durant ces deux années, d'énormes progrès vers la conquête de son indépendance.

Un «instinct de développement» pousse sans répit votre enfant à accomplir de tels exploits. Cet apprentissage en accéléré amènerait certains adultes directement chez un psy! En fait, c'est une période très difficile pour les tout-petits, et ils ne peuvent s'en sortir que grâce à leurs petites régressions vers leurs habitudes de bébé ainsi qu'à votre aide et à votre compréhension. Dans ces cas-là, prenez votre enfant dans vos bras pour le bercer, donnez-lui un biberon avec son nounours ou sa petite couverture et portez-le pour monter l'escalier de la crèche ou de la maison. Voilà des moyens simples qui lui permettront de «se recharger». Ils le rassureront aussi sur le fait qu'il n'a pas besoin de grandir d'un coup tout de suite et qu'il ne perdra pas, non plus, votre amour en devenant plus indépendant.

Comme la transformation d'une chenille en papillon, celle de votre tout-petit en grand garçon ou en grande fille semble parfois très compliquée. Mais ayez confiance. A sa façon et à son rythme, il apprend à déployer ses ailes.

Un développement en dents de scie

les difficultés d'apprentissage

«Veux-tu le remettre à sa place, Laura?» Obéissant à la demande de sa maman, la petite Laura (12 mois) trottine joyeusement pour rapporter le précieux vase qu'elle a pris. Je suis vraiment impressionnée: je n'ai pas encore d'enfants et ne suis pas très familiarisée avec les différentes étapes de leur développement. Laura est une charmante fillette très coopérative; selon moi, tout le mérite en revient à ses parents.

A peine six mois plus tard cependant, tout a changé. Les beaux grands yeux bleus de Laura me font toujours penser à ceux d'un ange, mais cet ange-ci est devenu démoniaque. Elle crie de rage quand son verre de lait se renverse, lutte contre un simple changement de couche avec la férocité d'une tigresse et n'est plus du tout intéressée à obéir. Quand on lui demande de remettre un trésor défendu, elle le serre résolument contre sa petite poitrine, regarde ses parents droit dans les yeux et refuse carrément d'obéir. Le calme et l'harmonie qui régnaient auparavant dans ce foyer se sont bien envolés...

Que s'est-il donc passé?

Rien de bien grave, nous assure l'éducatrice Cathy Lynn. Laura suit exactement les étapes de développement normales pour son âge. Elle est en train de découvrir et d'affirmer son indépendance. «Ce que nous qualifions de comportement classique pour un enfant de deux ans commence en fait entre 16 et 21 mois, dit-elle. Cela marque sa première transition majeure du stade de bébé à celui de l'indépendance.»

Pourquoi ce passage est-il si turbulent? «Rappelez-vous, continue Cathy Lynn, comment on se sent au début d'une grossesse ou lorsqu'on commence un nouvel emploi difficile. De la même manière, les enfants qui entrent dans cette étape transitoire sont à la fois très excités et absolument terrifiés. Mais au contraire des adultes, ils doivent confronter ces émotions contradictoires avec un système nerveux peu développé et sans expérience préalable pour les aider à traverser cet important changement.»

«Jérémie pleurait si fort à cause de son biscuit cassé que j'ai finalement essayé de le recoller avec du ruban adhésif! Ce que j'étais en train de faire me semblait absurde. Par la suite, j'ai vu une autre mère dans la même situation. Elle a tout simplement dit: "Eh bien, tu as deux biscuits maintenant!" Sa petite fille était ravie de cette interprétation.»

Quand les parents comprennent que la soi-disant négativité de leur tout-petit est un stade normal de leur développement et non le signe d'une discipline inadéquate, il leur est plus facile de s'adapter. «Certains parents peuvent éprouver de terribles difficultés s'ils se sentent visés personnellement, observe Cathy Lynn. Pourtant, c'est contre lui-même que l'enfant dirige toute cette négativité, contre sa confusion et sa peur, et non contre vous. Il ne faut pas la combattre. Il suffit de l'accepter et de faire confiance à l'habileté de votre enfant pour s'en sortir.»

Bon, alors pas de panique. Mais pouvez-vous aider votre enfant dans cette situation? «Bien sûr, affirme Cathy Lynn. La contribution des parents consiste à faciliter, à encourager et à soutenir la transition.»

Faciliter la transition. «La vie est remplie d'échecs pour les enfants de 18 mois, et il est très important pour eux de réussir tout de suite. Rendez-leur donc la tâche plus facile, explique Cathy Lynn.» C'est donc le moment de passer d'une maison aménagée pour un bébé à une qui soit plus adaptée à un petit qui grandit: petits verres, vaisselle de plastique, tablettes et crochets à vêtements bas, tabourets et escabeaux, chaussures à fermeture velcro, pantalons à taille élastique, etc. Toutes ces choses permettront à votre enfant de réussir dans ses entreprises. Et comme il veut par-dessus tout agir comme les adultes, inventez pour lui de «vrais petits travaux» («Ce sac de courses est trop lourd pour moi, chéri. Peux-tu me donner un coup de main en portant ce paquet de pâtes?»). Cela l'aidera à sentir qu'il grandit vraiment.

Encourager la transition. Bien sûr, le développement de votre enfant provoque aussi chez vous des sentiments contradictoires. Certains jours, vous préféreriez qu'il reste un bébé pour toujours. Mais Cathy Lynn suggère de ne pas le dire à votre tout-petit. Il a plutôt besoin de savoir que vous êtes ravi par ses agissements actuels, malgré les problèmes qu'ils entraînent, et aussi content que lui de ses progrès. «Les enfants veulent se développer, dit-elle, et ils veulent aussi nous plaire. Ils ne devraient pas se sentir déchirés entre les deux.»

Soutenir la transition. Le développement des enfants se produit souvent par à-coups, avec des progrès remarquables mais aussi des régressions spectaculaires. De ce point de vue, ce sont les tout-petits et les adolescents qui sont les plus difficiles. Nous devons les appuyer, explique Cathy Lynn, «en acceptant ce qu'ils sont au moment présent: des bébés un instant, puis à un autre, des gamins d'âge préscolaire, et enfin, des tout-petits. Nous sommes là pour leur fournir de l'aide et leur permettre de régresser un peu jusqu'à ce qu'ils soient prêts à progresser de nouveau.»

Les enfants de ce groupe d'âge ont aussi besoin de notre soutien quand ils ne se maîtrisent plus. En effet, on ne peut leur éviter *toutes* les frustrations. Vous devez interdire à votre tout-petit de frapper contre la fenêtre avec une cuillère en bois ! Même s'il refuse de se défouler autrement. Si son biscuit est en morceaux, aucune intervention des parents ne peut le «réparer». Que faire si votre enfant se met à hurler, et que vous êtes vous-même irritable? D'abord, suggère Cathy Lynn, «rappelez-vous que les émotions des jeunes enfants sont vraiment transitoires. Ils peuvent passer de la frustration totale à la bonne humeur en un temps étonnamment court.» Alors ne vous en faites pas trop. Tenez-vous-en à la règle que vous avez énoncée. Mais surveillez le moment où votre tout-petit acceptera d'être réconforté. Prenez-le alors dans vos bras et rassurez-le. Quand la crise est passée, n'en parlez plus. Il est trop jeune pour en discuter. Il lui suffit de savoir qu'il a réussi à s'en sortir et que vous l'avez soutenu. Et aussi qu'il n'a *toujours* pas le droit de frapper contre la fenêtre avec sa cuillère.

«Ce stade de développement, c'est comme les montagnes russes pour les tout-petits, ajoute Cathy Lynn. Mais il est inutile que nous entrions aussi dans le jeu. Le rôle des parents est d'être une ceinture de sécurité pour les enfants, et non d'être aussi instables qu'eux.»

le saviez-vous?

C'est normal si...

- Votre tout-petit répète solennellement votre règle de conduite, puis s'empresse de l'enfreindre (parce qu'il a besoin d'affirmer sa volonté, maîtrise mal ses impulsions et veut savoir s'il doit vraiment obéir).
- Votre enfant pleure ou se met en colère pour ce qui semble être, du point de vue d'un adulte, une raison ridicule (par exemple, si vous allumez la lampe alors qu'il voulait le faire).
- Votre tout-petit est très excité par la venue d'un ami, mais rend cette visite désagréable en empêchant l'autre enfant de jouer avec ses jouets.

Vous constaterez aussi des comportements étonnamment matures, selon l'humeur du moment. C'est pourquoi ces enfants peuvent être les petits les plus charmants du monde, mais aussi parfois les plus frustrants!

«C'est moi!»
la quête de l'indépendance

Un tout-petit embrasse souvent plus qu'il ne peut bien étreindre. Il a de grandes ambitions, malheureusement limitées par ses habiletés restreintes. Il devine ce qui est possible, observe ce que font les plus grands et sent que son intelligence et ses capacités se développent. Mais il ne possède pas encore le jugement pour choisir des objectifs réalisables. Et à chaque nouveau succès dont il peut être fier (et il y en a plusieurs à cet âge) correspond inévitablement une vague de frustrations.

Une *petite* frustration peut motiver un jeune enfant et le pousser à faire de nouveaux efforts. Mais quand sa capacité à tolérer les échecs s'épuise, il se met très vite à pleurer, pique une colère ou se décourage complètement. Parfois, et surtout s'il est fatigué, la moindre déception le bouleverse complètement.

Prenons le cas d'Audrey (22 mois) qui tente sans succès mais avec entêtement d'engager la fermeture éclair de son blouson. «Allons, chérie, soupire son papa, laisse-moi t'aider. C'est l'heure de partir.»

«Non, c'est moi! Je suis capable!» crie Audrey, qui s'éloigne des mains trop compétentes de son père. Elle continue à tirailler la fermeture récalcitrante, en essayant d'imiter le savoir-faire magique des adultes.

«C'est toujours comme ça, ces temps-ci, explique son père. Il faut qu'elle fasse tout elle-même, même ce qu'elle est incapable de réussir.»

Finalement, Audrey éclate en sanglots, et son père doit intervenir malgré les protestations énergiques de sa fille. Elle se radoucit un peu toutefois quand il lui demande de remonter elle-même la fermeture une fois engagée. Quand elle quitte enfin la maison dans les bras de son papa, elle a retrouvé sa bonne humeur. Jusqu'à la prochaine fois.

Est-il possible d'adoucir ce tumultueux passage vers l'indépendance? Jeanne Libbey, directrice de crèche, propose quelques solutions.

Créer le succès. «Essayez de les intéresser à de nouvelles activités ou tâches qu'ils *peuvent* réussir», suggère-t-elle. Votre enfant d'un an peut-il transporter un petit sac de courses, placer des pommes de terre dans une casserole ou trouver les chaussettes dans la pile de linge propre? Chaque petite réussite lui donnera confiance dans sa capacité d'apprendre.

Applaudir le succès et l'effort. Bien sûr, vous féliciterez votre tout-petit quand il réussit quelque chose de nouveau pour lui. Mais Jeanne Libbey rappelle que les enfants ont aussi besoin d'encouragement pour récompenser leurs efforts, même quand ils échouent, en leur disant par exemple: «Bravo! Tu as vraiment bien travaillé pour mettre tes chaussures!» De cette manière, ils ne perdront pas le goût d'essayer de nouveau.

Adapter la maison. Certains parents, quand ils constatent les progrès langagiers de leur enfant, pensent qu'il est maintenant capable de comprendre la règle «Ne touche pas» et d'y obéir. Mais Jeanne Libbey nous conseille quand même d'adapter nos maisons aux tout-petits, non seulement pour leur sécurité mais aussi pour minimiser la frustration. «Cachez les objets défendus et placez les affaires des tout-petits dans des endroits facilement accessibles, dit-elle. "Non" est un mot impossible à comprendre à leur âge.»

Encourager l'entraînement. «Les tout-petits doivent pouvoir s'entraîner à différentes choses, explique Jeanne Libbey. Dans le cas d'Audrey déjà cité, ses parents pourraient disposer ses vêtements bien à l'avance le matin pour qu'elle puisse tenter de s'habiller toute seule pendant qu'eux-mêmes se préparent pour la journée. Ils pourraient aussi jouer avec elle à se costumer pendant leurs temps de loisirs.»

«Voilà qui est très ironique: quand les enfants sont assez grands pour être enfin vraiment capables de faire quelque chose, ça ne les intéresse plus. A un an, mon enfant criait parce qu'il ne pouvait pas atteindre le porte-manteau pour son blouson. Maintenant, à quatre ans, il crie parce que je refuse d'accrocher son blouson pour lui!»

Agir avec tact. Les tout-petits nous impatientent parfois. Ils sont portés à persister dans une tâche impossible jusqu'à hurler de rage. Quand vous constatez que votre enfant devient de plus en plus frustré, donnez-lui juste assez d'aide pour qu'il puisse réussir *lui-même*.

Malheureusement, nos tentatives d'aide bien intentionnées semblent souvent empirer la situation. C'est par amour-propre qu'un enfant de deux ans ne veut pas qu'on l'aide, alors qu'un autre d'un an ne comprend pas et croit que vous voulez lui enlever son trophée plutôt que de compléter l'action pour lui. Jeanne Libbey suggère «une intervention tout en douceur. En faire un jeu ou y ajouter une chanson, par exemple, est une bonne idée.» A ce stade-ci, la diplomatie est une arme vitale pour les parents!

Détourner son attention. Parfois, vous *devez* mettre un terme à une situation. Quand votre autre enfant vous attend à la maternelle, vous ne pouvez pas vous mettre en retard. Ou même si votre tout-petit a réussi à traîner sa chaise jusqu'au four à micro-ondes, il n'a quand même pas le droit de l'utiliser. «Proposez-lui alors une autre activité, dit Jeanne Libbey. Un livre amusant ou son jouet préféré peut être utile pour détourner son attention.» Si cela ne fonctionne pas et qu'il fait une crise, gardez votre calme et votre bonne humeur. Attendez que la crise passe, puis commencez une autre activité.

Enfin, Jeanne Libbey nous rappelle que les tout-petits ne se sentent pas *toujours* indépendants. Grandir représente un défi de taille. Parfois, le petit «Je-suis-capable» veut qu'on le fasse manger ou qu'on le porte jusqu'à son lit. Cette régression vers un comportement de bébé l'aide à se recharger et le rassure: il n'est pas obligé de «devenir grand» tout d'un coup. «Laissez-le faire le bébé quand il en a besoin, conseille Jeanne Libbey. Et prodiguez-lui beaucoup de tendresse et de caresses. Réconfortez-le après une crise pour qu'il sente que vous l'aimez encore.»

trucs & conseils

Aider... mais avec tact

Quand un tout-petit entreprend une tâche trop difficile pour lui, il est parfois possible d'intervenir sans complètement le décourager:

- «Tu es empêtré dans ta chemise? Et si je la passais juste

par-dessus tes oreilles... tire maintenant. Bravo, tu as réussi!»

- «Prends ce couteau qui n'est pas dangereux. Je vais ranger l'autre qui est trop coupant, et après tu me montreras comment jouer avec ta pâte à modeler.»
- «Seules les grandes personnes peuvent prendre le cochon d'Inde. Mais il aimerait bien que tu lui fasses manger une carotte! Tu veux en prendre une dans le frigo?»
- «C'est moi qui verserai le lait. Toi, tu es le patron et tu me dis quand arrêter, d'accord?»

«Non, non, non!»
la litanie des tout-petits

«A table, tout le monde!» Sept adultes et deux jeunes enfants s'assoient autour de la table en ce jour de fête, et les petits sont bien décidés à s'affirmer. Le comportement de Charlotte, deux ans, est classique. Quand sa mère la soulève pour la mettre dans sa chaise haute, elle hurle «Non!» en donnant des coups de pied. Elle veut s'asseoir dans une chaise d'adulte.

Une fois assise, elle est trop petite pour atteindre la nourriture dans son assiette et se met à pleurer. Sa mère essaie de lui faire comprendre les avantages de la chaise haute, mais l'enfant ne capitule pas: «Non, non, non!» Suivent d'autres pleurs, cris et suggestions pendant que le repas refroidit. Finalement, Charlotte accepte de s'asseoir sur les genoux de son père pour manger.

Un autre problème surgit pendant la promenade après le repas. Charlotte refuse de s'asseoir dans sa poussette et insiste plutôt pour la pousser elle-même. Elle n'arrive pas à suivre les autres et est vite trop fatiguée pour marcher. Mais à chaque tentative de la mettre dans la poussette, elle oppose le même refus: «Non, non, non!» De guerre lasse, sa mère la dépose éventuellement dans la poussette malgré ses protestations. Une ou deux minutes plus tard, la petite dort à poings fermés!

Maxime, âgé de quelques jours de plus que Charlotte, adopte une autre tactique. Il est le spécialiste du «non» silencieux. Quand sa mère lui demande de mettre son blouson pour la promenade, Maxime se contente de garder les bras croisés. Sans discussions ni cris, il refuse tout simplement d'obéir. Sa mère insiste, en lui offrant différentes possibilités, et réussit enfin quand elle lui suggère d'apporter le jouet avec lequel il est en train de jouer.

Charlotte et Maxime ont deux approches différentes pour refuser de faire ce qui ne leur plaît pas. Mais tous deux font face au même stade important de leur développement: ils sont en train d'apprendre à devenir plus indépendants.

Ce stade peut être particulièrement pénible pour les parents, parce que les enfants de moins de deux ans possèdent un vocabulaire limité et ont souvent de la difficulté à exprimer leurs opinions. Maxime ne dispose pas des mots pour expliquer qu'il n'a pas fini de jouer, alors sa seule solution est de refuser d'obéir. Parfois, les tout-petits ne savent même pas contre quoi ils protestent, mais ils refusent simplement de faire ce qu'on leur demande.

Ruth Lockshin, mère de quatre enfants et consultante d'une organisation qui prône l'allaitement maternel, croit que la solution est d'essayer de comprendre pourquoi votre enfant est si négatif.

«Le négativisme des tout-petits est aussi légendaire que la rébellion des adolescents, parce que ce sont des périodes où ils affirment leur indépendance, explique-t-elle. Je pense que les parents y répondent souvent en devenant négatifs aussi, et ça empire la situation.»

Elle recommande aux parents d'éviter autant que possible de dire non à leurs tout-petits, parce qu'ils vont tout de suite répondre la même chose. Quand on dit non à un enfant, il se sent tout petit alors qu'il essaie justement d'être grand. Elle croit aussi qu'il y a peu de situations où le non soit vraiment nécessaire. Les parents peuvent plutôt suggérer le comportement souhaité d'une façon plus positive: «Il faut qu'on se tienne par la main toi et moi pour traverser la rue.»

Béatrice Watson, directrice d'un centre d'éducation de la première enfance, note que plusieurs parents voient l'indépendance comme une des qualités les plus importantes qu'ils aimeraient voir leur enfant acquérir. «Nous disons que nous voulons avoir des enfants indépendants, dit-elle. Mais lorsque leurs tout-petits commencent à exprimer leur indépendance, plusieurs parents résistent à ce comportement qui est un défi à leur autorité parentale.» Mais elle tient à rassurer les parents: cette étape d'affirmation fait partie du processus normal d'apprentissage des enfants.

Alors il n'est pas souhaitable de «punir» votre petit quand il s'affirme ainsi. Sa révolte ne devrait pas non plus être considérée comme une mauvaise habitude à «tuer dans l'oeuf». Apprendre à être indépendant implique davantage que la simple maîtrise d'activités comme s'habiller ou manger tout seul. Cela signifie aussi apprendre à penser de façon indépendante – le premier pas de géant de ce long processus. Mais plus il s'approche de l'âge de trois ans, moins votre enfant aura besoin d'affirmer sa volonté, car il se concentrera probablement, alors, sur la maîtrise d'autres aspects de son développement.

trucs & conseils

Stratégies pour vivre en harmonie avec votre tout-petit

- Offrez-lui des choix simples. Laissez votre enfant choisir entre deux vêtements différents, entre un verre ou un gobelet.
- Changez de sujet ou détournez son attention.

Approchez-vous de lui et chatouillez-le, balancez-le dans vos bras ou suggérez-lui d'aller à un nouvel endroit, comme le parc par exemple.

- Gagnez du temps. Au lieu de lui dire non, répondez plutôt: «Quand j'aurai fini la vaisselle» ou «Après le repas».
- Faites un compromis. Si votre petit insiste pour «conduire» sa poussette, acceptez qu'il le fasse jusqu'au coin de la rue. Puis il devra s'asseoir, et ce sera à votre tour de le pousser. Avant une chanson ou un jeu qu'il reprend sans fin, dites fermement: «C'est la dernière fois, maintenant.»
- Passez à l'action avec une intervention discrète, si nécessaire. Quand Charlotte était trop fatiguée pour continuer à marcher mais trop obstinée pour céder, elle a dû être «sauvée» par sa maman.
- Fréquentez d'autres parents de tout-petits. Vous pourrez discuter avec eux des solutions à vos problèmes communs... et aussi constater que votre enfant n'est pas le seul à dire «non» trois cents fois par jour!

Les périodes «velcro»
le retour de la crainte de la séparation

«La première fois que mon bébé s'est caché le visage dans mon cou quand son grand-papa a essayé de l'embrasser, ça ne m'a pas surprise, confie Lise Johnson. J'avais lu des articles sur la crainte de la séparation chez les tout-petits et savais qu'à la fin de leur première année, ils s'accrochent souvent à leur mère et se méfient des autres personnes.»

«Par contre, poursuit-elle, je ne m'attendais pas à ce que ce comportement revienne périodiquement au cours des deux années suivantes. On dirait que mon fils Hugo, qui a maintenant deux ans, se change de temps à autre en véritable "velcro". Il me suit partout, demande que je le porte et crie si je vais au magasin sans lui. Ça dure une semaine ou plus, puis il redevient lui-même et recommence à être indépendant.»

La réapparition de la crainte de la séparation chez les tout-petits peut être plus pénible pour les parents que lors de ses premières manifestations. Il est normal de s'impatienter quand votre enfant s'accroche à votre jambe à la crèche ou lorsqu'il est en visite chez un ami, alors que depuis plusieurs mois il ne craignait plus de se séparer de vous. Et c'est gênant quand votre petit agit comme si sa gardienne chérie était soudainement devenue une sorcière! Si votre enfant a commencé à parler, vous pensez pouvoir le raisonner:

«Je ne pars que pour quelques instants, je reviendrai bientôt.» Pas de chance! Il parle peut-être déjà, mais à son âge, c'est l'instinct qui prédomine sur de simples paroles.

France Harrison fait des cours à l'université sur le développement des enfants. Elle explique que la première manifestation de la crainte de la séparation autour de l'âge de neuf mois «est la première indication sérieuse que l'enfant s'est attaché à une personne très spéciale pour lui, habituellement la mère». C'est un signe positif, car les petits sont censés développer un tel lien affectif. Quand le bébé comprend et sait que son père ou sa mère reviendra toujours, les allées et venues de ses parents lui deviennent graduellement moins pénibles.

Quand la crainte de la séparation refait surface, entre un et trois ans, le scénario est un peu différent. Un enfant de cet âge élevé avec amour est convaincu que vous ne l'abandonnerez pas en disparaissant à jamais. Il peut donc commencer à se séparer graduellement de vous et à devenir une personne autonome. Mais ce processus ne s'accomplit pas toujours harmonieusement.

Dans *Votre enfant, de la naissance à la grande école*, Penelope Leach décrit les tout-petits comme zigzaguant entre le besoin de devenir indépendant et «le désir contradictoire de demeurer un bébé». Elle pense qu'un enfant qui devient plus collant qu'à l'habitude et semble exagérément méfiant des endroits et des visages nouveaux, essaie peut-être de dire qu'il se sent «un peu poussé à grandir plus vite qu'il n'en est capable, écrit-elle. Quand vous décelez un tel indice chez votre enfant, prodiguez-lui un surplus d'affection, d'attention et de protection pendant quelques jours ou semaines, et il retrouvera bientôt son équilibre. Si vous ne vous apercevez pas de son trouble, son anxiété peut augmenter.»

Que faire toutefois lors des séparations inévitables?

Quand votre enfant souffre de crainte de la séparation, laissez-le vous suivre partout durant la journée ou prenez-le dans vos bras pour aller à sa chambre le soir. Vous pouvez aussi l'amener avec vous lors de vos courses et de vos sorties, s'il vous est possible de le faire. Sinon, ne modifiez pas tout le cours de votre vie pour l'accommoder. Vous avez vos occupations et vos obligations: votre enfant doit donc continuer d'aller à la crèche ou de rester avec sa gardienne quand c'est nécessaire.

Alors, comment l'aider à passer cette étape difficile? Penelope Leach suggère de toujours laisser votre tout-petit avec une ou plusieurs personnes qu'il connaît bien. Ce n'est pas le moment de lui faire rencontrer de nouveaux visages, mieux vaut attendre que revienne son goût de l'aventure. Par contre un «objet de transition», comme son nounours préféré ou un souvenir de vous (photo, écharpe, etc.), contribuera à le consoler quand vous serez absent.

Dites-lui au revoir brièvement et toujours de la même manière, explique France Harrison. «Une façon routinière de se séparer constituera un rituel rassurant pour l'enfant, qui l'aidera à prévoir ce qui l'attend. Si vous attendez trop longtemps pour partir quand il fait une crise, cela lui donne l'impression que ses protestations fonctionnent et que vous allez rester. C'est un espoir qui est inévitablement détruit par votre départ.»

Elle note aussi que les enfants qui ont confiance en leurs parents endurent généralement bien les séparations routinières. «Ils rechignent quand même un peu, dit-elle, et c'est normal. Ils ne veulent pas que vous partiez et, à cet âge, leurs émotions sont très fortes. Mais après votre départ, ils retrouvent vite leur bonne humeur.» Pour vous rassurer, demandez aux personnes qui s'occupent de votre tout-petit comment il «s'adapte» une fois que vous n'êtes plus là.

Il est toutefois important de toujours dire au revoir à votre tout-petit avant de partir. Comment pourrait-il se détacher de vous, s'il croit que vous allez le quitter en catimini derrière son dos? «Les parents peuvent être tentés d'agir ainsi pour éviter une crise à leur départ, explique France Harrison. Ce n'est pas agréable de laisser votre enfant en larmes, mais il a besoin de vous dire au revoir.»

trucs & conseils

Comment dire au revoir à votre enfant

- Laissez-le dans un endroit familier avec des personnes qu'il connaît bien.
- Dites-lui à l'avance (mais simplement) ce qui est prévu: «Ce soir, papa et moi allons au cinéma, et c'est grand-maman qui te tiendra compagnie.»
- Donnez-lui un point de repère concret sur le moment de votre retour («Je reviendrai avant le dîner») et ne soyez pas en retard!
- Remettez-lui un «objet de transition», comme son nounours préféré ou un souvenir de vous.
- Aidez-le à s'intéresser à une activité amusante avant de lui dire au revoir.
- Evitez les longs adieux ambigus. Un simple «A bientôt, chéri!» est plus rassurant.
- S'il vous poursuit ou s'agrippe à vous, prenez-le dans vos bras, faites-lui une caresse, puis essayez de le remettre à sa gardienne. Il saura ainsi qu'il y a quelqu'un pour le réconforter, et vous n'aurez pas à lui faire de la peine en le repoussant ou en lui fermant la porte au nez.

trucs & conseils

Peut-on attendre qu'il soit prêt?

Notre société a tendance à hâter le développement naturel des bébés. Nous tentons «d'enseigner» aux bébés à dormir toute la nuit (plutôt que d'attendre qu'ils le fassent d'eux-mêmes), «d'introduire» des aliments solides (plutôt que de répondre à leur intérêt pour notre nourriture) et de les «habituer» aux séparations (plutôt que d'attendre qu'ils y soient prêts).

Il existe une autre façon de procéder. Si votre horaire et vos obligations le permettent, vous pouvez réagir aux périodes «velcro» de votre tout-petit en le gardant avec vous. Cette décision sera probablement critiquée, mais il y a des bébés qui quittent rarement leurs parents durant leurs trois premières années ou même plus. Quand votre enfant deviendra plus aventureux, indépendant et sociable, il sera mieux préparé à faire face aux séparations.

Deux avertissements toutefois. Assurez-vous que votre enfant garde le contact avec d'autres personnes et apprend à connaître au moins un ou deux autres adultes. Une relation avec des «amis» adultes l'aidera à s'adapter plus facilement à une gardienne ou au personnel de la crèche plus tard. (Et calmera vos inquiétudes si une urgence vous empêche temporairement de vous occuper de lui.) De plus, n'attendez pas trop longtemps pour l'habituer à de courtes séparations. Avant l'entrée à la crèche ou à l'école, votre petit doit apprendre à être à l'aise en société.

trucs & information

Des trucs pour ses débuts en crèche

Si vous reprenez votre travail pendant la deuxième année de votre tout-petit, il faut bien préparer la transition vers la crèche, surtout si vous traversez une période «velcro».

Suzanne Alfred, éducatrice en crèche d'un groupe de 12 à 24 mois, affirme: «Dans des circonstances idéales, nous permettons aux enfants de s'adapter très graduellement une semaine *avant* que le parent reprenne son travail. Ils peuvent visiter ensemble la crèche une heure ou deux le premier jour. Le deuxième jour, le parent s'absente pour un petit moment. Le troisième jour, l'enfant est seul un peu plus longtemps et reste parfois pour le repas du midi. Le dernier jour, le tout-petit peut rester pour la sieste avant de retourner chez lui. Et, si possible, on conseille aux parents de venir prendre leurs petits plus tôt, au début, cela les aide à mieux s'adapter.»

«Il y a beaucoup de stress au début pour les enfants *et* les parents, ajoute-t-elle. Il est important que les tout-petits apportent à la crèche un objet qui les rassure. Ce n'est donc pas le moment de leur apprendre à s'en passer! Et pour les parents, il est primordial d'avoir une bonne communication avec le personnel de la crèche. Dès qu'ils sont inquiets, ils doivent nous téléphoner pour prendre des nouvelles de leur petit. Comme les enfants pleurent un peu lors du départ de leurs parents les premiers temps, ceux-ci devraient rester un moment derrière notre fenêtre d'observation pour constater que le leur se calme rapidement.»

Suzanne Alfred déconseille la visite impromptue des parents durant la journée. «Quand un tout-petit voit ses parents, il pense alors que c'est le moment de retourner à la maison. Il est déçu et confus quand ils repartent sans lui.»

La stabilité est très importante pour un jeune enfant. Tout nouvel arrangement demande une nouvelle adaptation. Durant cette période délicate, il ne faut pas changer à la légère de crèche ou de gardienne.

Il arrive que l'endroit choisi pour votre petit, même avec soin, ne lui convienne pas. «La plupart des enfants s'adaptent généralement bien, durant le premier mois, dit Suzanne Alfred. Mais quelques-uns éprouvent plus de difficulté. Certains, par exemple, sont dépassés par la vie en groupe. Une garde en milieu familial leur conviendrait peut-être mieux.»

Si votre tout-petit éprouve des difficultés à la crèche, parlez-en avec les éducateurs. Il suffit peut-être pour vous de rester un peu plus longtemps quand vous le déposez le matin ou de raccourcir sa journée à la crèche. Vous pourriez aussi y faire des «stages» ou demander au personnel plus d'effort pour aider votre petit à s'intégrer. En dernier ressort, il vous faudra peut-être choisir un nouvel endroit pour lui.

Les objets fétiches
assurance et réconfort

Vous êtes en route pour une visite chez votre sœur et essayez de sortir de la ville avant l'heure de pointe. Quarante-cinq minutes après le départ, c'est la panique! Pendant que vous cherchez frénétiquement dans le sac de jouets, votre tout-petit hurle dans son siège à l'arrière: il veut son nounours! Vous êtes pourtant sûr de l'avoir apporté. Quelle alternative choisir? Retourner à la maison pour récupérer le nounours chéri en bravant l'enfer de la circulation ou risquer de passer toute la durée du séjour sans lui? Quel soulagement donc, quand vous le dénichez enfin au fond du sac. Ouf! Le calme revient dans la voiture.

Tous les bébés ne ressentent pas un attachement aussi passionné pour un ours en peluche, une couverture ou un autre objet. Mais plusieurs le font, et des moments comme celui-ci (où l'harmonie familiale dépend d'un objet en soi insignifiant) poussent certains parents à se demander s'ils ne devraient pas empêcher de tels attachements. Ces objets fétiches sont-ils bénéfiques pour les enfants ou seulement une habitude encombrante?

Dans son livre *L'âge des premiers pas*, le pédiatre T. Berry Brazelton se porte à la défense de tels objets et affirme qu'ils sont très importants de nos jours pour les enfants. «Dans une société qui favorise l'indépendance à un jeune âge, écrit-il, il est évident que les parents doivent comprendre comment équilibrer cette indépendance. Je crois qu'il est vital pour l'enfant d'apprendre à se réconforter et à se calmer lui-même avec un objet chéri familier.»

Line Dupont est du même avis. Sa fillette de cinq ans, Hélène, «réfléchit» de temps à autre avec sa «couverture magique» qu'elle possède depuis la naissance. Sa mère est d'avis que cet objet leur a beaucoup facilité la vie, à elle et à sa fille. Les Dupont ont beaucoup voyagé avec Hélène et constaté que la couverture l'a aidée à s'adapter à des situations et à des lits nouveaux. «C'est comme si on apportait un peu de notre maison, explique-t-elle. Tous les lits lui semblaient familiers, et ça l'aidait à se recharger quand elle était stressée et fatiguée.»

Sylvia Hefferman ne savait pas que sa fille Carine avait une couverture spéciale jusqu'à ce qu'elle tente de la prêter. «Mon petit neveu s'est endormi chez moi pendant la fête d'anniversaire de Carine, dit-elle. Je l'ai couvert avec une petite couverture que sa grand-mère avait cousue pour Carine. Celle-ci a fait toute une crise. Depuis, c'est officiellement sa couverture préférée.»

Carine (deux ans) prend sa couverture pour dormir et se détendre. Comme beaucoup de tout-petits, elle a élaboré un rituel spécial: elle tient sa couverture par un coin en particulier pendant qu'elle suce son pouce. Sylvia pense que la couverture aide Carine à s'adapter à de nouveaux milieux (chez sa gardienne, au chalet, etc.) et à tolérer les longs voyages en voiture.

Certains petits ne s'attachent jamais à un objet préféré. Comme de tels «fétiches» sont utilisés surtout pour rassurer les enfants, ceux qui sont rarement séparés de leurs parents ressentent moins le besoin d'un substitut. Est-ce un problème? Pas du tout! Si votre enfant ne montre aucune prédilection pour un objet, c'est probablement qu'il n'en a pas besoin vu qu'il ne manque ni d'assurance ni d'indépendance ou que c'est vous, son objet fétiche! Dans ce dernier cas toutefois, assurez-vous que la personne qui s'occupera de lui en votre absence lui prodiguera le même genre de soins que vous.

C'est un véritable drame pour les enfants quand leur objet préféré est littéralement «désintégré» à force d'amour ou, pire encore, perdu. Les parents ont donc une responsabilité supplémentaire si leur petit s'attache à un tel objet: s'assurer qu'il ne se perde pas et le remplacer le cas échéant. Quand Hélène Dupont a perdu sa couverture magique à Eurodisney, ses parents étaient aussi inquiets qu'elle. «A notre grand soulagement, elle était si fatiguée qu'elle a bien dormi quand même, dit sa mère. A notre retour à la maison, ma mère, qui avait fait la première couverture, en a cousu une autre avec le même tissu.»

Le Dr Brazelton approuve cette tentative de rapprocher l'ancien et le nouveau. «Si son objet préféré est très endommagé et ne peut être réparé, dit-il, remplacez-le par un autre similaire. Attachez ou cousez le vieil objet au nouveau pour que toutes ses odeurs, émotions et sensations se transfèrent à l'objet neuf. Quand c'est fait, mais pas avant, vous pouvez alors jeter le vieil objet. Un enfant de 18 mois doit disposer de tout le soutien qui lui est nécessaire.»

La dépendance d'un tout-petit envers une couverture ou un nounours adorés a bien sûr des inconvénients, surtout s'il n'accepte aucun autre substitut. Il ne faut pas non plus trop l'utiliser. Donnez-lui son objet préféré pour le réconforter dans les moments difficiles (en votre absence, par exemple). Sylvia Hefferman et Line Dupont sont convaincues que les objets fétiches sont un élément très positif pour le développement de l'enfant. «C'est un symbole de réconfort, explique cette dernière. Je viens d'avoir un autre bébé, et sa couverture est déjà prête à prendre du service!»

le saviez-vous?

Sucer son pouce ou une sucette?

Plusieurs parents encouragent leurs bébés à utiliser une sucette ou à sucer leur pouce. Mais ils voudraient bien que cette habitude disparaisse après le premier (ou deuxième) anniversaire. Beaucoup de tout-petits éprouvent toutefois le besoin de téter plus longtemps.

Si la vue de votre enfant avec une sucette dans la bouche vous dérange et que vous pensez que cela nuit à sa capacité de jouer et de communiquer avec les autres, songez à limiter son utilisation. Il est plus facile pour lui de s'adapter à des règles comme «seulement dans la maison, parce que tu la perdrais dehors» ou «seulement dans ton lit, pour t'aider à te détendre ou à dormir» qu'à une exclusion complète de la sucette.

De toute évidence, vous ne pouvez pas vous débarrasser du pouce de votre tout-petit, mais ne vous inquiétez pas trop s'il le suce. Comme l'explique le Dr Brazelton, «c'est une des seules ressources autonomes à la disposition d'un jeune enfant pour s'isoler, faire face à la tension et se réconforter. Il est évident que les choses qui lui arrivent durant sa deuxième année en font la période de pointe pour cette activité. Je suis soulagé quand un petit se montre aussi débrouillard en suçant son pouce.»

Si votre enfant suce son pouce, sa dentition en sera-t-elle affectée? Pas à cet âge, selon la plupart des dentistes. Mais il est préférable qu'ils abandonnent cette habitude avant l'âge de quatre ou cinq ans, quand les premières dents permanentes se préparent à percer. Sucer son pouce fréquemment pendant les premières années à l'école peut entraîner des problèmes orthodontiques. Consultez votre dentiste si votre enfant continue de le faire à ce moment-là.

«J'ai peur!»
les craintes et phobies

De quoi ont peur les tout-petits? Rarement des choses dont on voudrait qu'ils se méfient, par exemple les cuisinières brûlantes, les rues encombrées et l'eau profonde. Mais leur conscience et leur imagination en pleine croissance peuvent générer autant de peurs intenses que de nouveaux plaisirs et de triomphes. En fait, les peurs des jeunes enfants leur causent beaucoup de stress, ainsi qu'à leurs parents. George Koblyk, professeur de psychologie aujourd'hui à la retraite, dit que «les peurs des enfants ne sont pas tellement différentes de celles des adultes et peuvent être tout aussi dérangeantes pour eux, même si les parents les trouvent parfois irrationnelles».

George Koblyk cite plusieurs sources de peurs pour les tout-petits:

Sentiments d'infériorité et d'impuissance. Les bébés jouissent d'une vie sans responsabilités. Mais quand les tout-petits commencent à marcher et à parler, les adultes attendent plus d'eux. George Koblyk croit que les parents sont souvent trop exigeants. Si les enfants ne sont pas à la hauteur des attentes de leurs parents, ils en éprouvent un sentiment d'échec.

Sa nouvelle conscience de ses limites et de sa vulnérabilité peut aussi rendre l'enfant craintif. Penelope Leach explique que «cette réaction de peur est en fait une réaction intelligente. Un bébé, d'une certaine manière, répète l'histoire et l'expérience de tout le genre humain. Dans les temps anciens, cette étrange créature qui lui fait peur aurait pu être un tigre aux dents acérés. Crier de peur lui aurait peut-être sauvé la vie.»

Souvent, les parents rendent leurs enfants très sensibles au danger en les mettant constamment en garde: «Attention au chien, il peut mordre; ne mange pas ça, c'est poison; ne touche pas, c'est pointu; ne reste pas là, tu pourrais tomber.» Les tout-petits ont l'impression, selon George Koblyk, que le monde est un endroit très dangereux et qu'ils n'ont pas les ressources nécessaires pour affronter ces dangers.

Le développement de l'imagination. «Certaines craintes, explique George Koblyk, sont des transferts concrets de conflits intérieurs.» Cela signifie que les tout-petits peuvent utiliser leur imagination pour inventer des monstres effrayants ou d'autres créatures qui symbolisent les sentiments angoissants qu'ils éprouvent. Ce qui fait penser à *Docteur Jekyll et Mister Hyde* ou à certaines créatures de la télévision, qui se changent en monstres à cause de leurs démons intérieurs. De la même façon, les enfants peuvent imaginer sous leur lit ou dans leur armoire des monstres qui représentent leurs sentiments de colère.

Les tendances innées à la peur. George Koblyk rappelle que certaines craintes sont des manifestations normales et attendues du développement des enfants. La peur des étrangers, par exemple, se manifeste généralement entre six et huit mois. La crainte d'être séparé de ses parents apparaît vers 12 mois et peut durer jusqu'à l'âge de cinq ans. De plus, les tout-petits ont des personnalités différentes; certains sont plus craintifs que d'autres et plus portés à réagir aux dangers réels ou imaginaires. Souvent, ceux qui sont vifs et imaginatifs sont plus sensibles que les autres. Ces petits ont besoin de plus de réconfort et d'aide pour surmonter leurs peurs.

Les peurs apprises. Les tout-petits excellent à copier les autres. Si une maman crie chaque fois qu'elle voit une araignée, son fils saura très vite que ces bêtes sont à craindre. George Koblyk dit que les enfants subissent aussi des expériences négatives, qui leur apprennent à avoir peur de certaines choses. Par exemple, plusieurs rendez-vous chez le médecin pour des vaccinations douloureuses peuvent provoquer chez un petit la peur de telles visites.

«Un jour, un labrador noir est entré dans notre jardin, où mon fils jouait avec deux autres jeunes enfants. Il n'a pas aboyé ni sauté sur eux et ne les a pas attaqués, mais son apparition soudaine les a terrifiés tous les trois. Durant des mois, ils ont parlé du "gros chien noir" et se sont inquiétés de son retour possible.»

Comment les parents peuvent-ils aider leurs enfants à surmonter leurs peurs? George Koblyk souligne que ces comportements sont normaux. «Ne vous imaginez pas que votre enfant est anormal parce qu'il a peur, mais ne vous moquez pas non plus de lui. Réconfortez-le et prenez ses peurs au sérieux. S'il est incapable de les exprimer, cela causera chez lui des problèmes comme le bégaiement et des troubles du sommeil. Dites-lui qu'il a le droit d'avoir peur et que ça va passer.»

La situation s'améliorera peut-être si vous êtes moins exigeant et plus compréhensif envers votre tout-petit. S'il a peur de l'obscurité par exemple, donnez-lui une veilleuse ou une lampe de poche, ou laissez la lumière de sa chambre allumée. George Koblyk suggère également de jouer avec votre enfant et de lui raconter des histoires dans l'obscurité pour l'aider à s'y habituer. Donnez-lui aussi plus de maîtrise sur son environnement. «Un garçonnet avait peur du ventilateur de la salle de bains, dit-il, jusqu'à ce que ses parents lui montrent comment l'arrêter.»

Les parents peuvent aussi recourir aux fantaisies pour aider un enfant à surmonter ses peurs. Très tôt, Carole Wysocki a appris à sa fille Mila qu'elle pouvait, en claquant des mains, disperser des animaux comme les chats et les oiseaux. Maintenant, la fillette éloigne de la même façon les monstres imaginaires et les cauchemars qui l'assaillent. «Mila adore *La Belle et la Bête*, dit sa maman. Mais elle a peur aussi de la Bête et fait parfois des cauchemars à son sujet. Alors, on lui a dit de claquer des mains pour la chasser. Ça la calme tout de suite.»

Quand les peurs doivent être affrontées, George Koblyk supplie les parents «de permettre aux enfants de le faire à leur propre rythme et non à celui des adultes». Le tout-petit qui a peur des chiens devrait d'abord regarder des photos de ces animaux, puis observer de vrais chiens, mais protégé par une clôture. Et s'il veut partir après quelques instants, laissez-le faire. Une approche lente et graduelle est essentielle. «Nous sommes souvent exaspérés par les enfants peureux ou très critiques à leur égard, dit-il. Mais c'est quand ils ont peur que les petits ont le plus besoin de notre appui.»

Carole a découvert que la meilleure façon de procéder avec Mila est «de lui permettre de s'habituer à son propre rythme aux choses et aux situations nouvelles. Elle est prudente, mais pas très peureuse.» Voilà le genre de soutien qui est nécessaire à votre tout-petit durant son développement pour surmonter ses peurs et acquérir la confiance en lui.

le saviez-vous?

De l'aide pour un tout-petit peureux

En général, votre patience et votre soutien suffisent pour rassurer votre enfant. Mais si sa peur en général ou des craintes plus spécifiques sont si prolongées ou si intenses que sa qualité de vie s'en trouve affectée (l'empêchant de jouer librement ou rendant les activités et sorties quotidiennes pénibles), il faut peut-être consulter un thérapeute pour enfants. Demandez à votre pédiatre de vous en recommander un.

le saviez-vous?

Les phobies les plus fréquentes des tout-petits

Penelope Leach rapporte, dans *Votre enfant de la naissance à la grande école*, que «plus de la moitié des enfants développent au moins une phobie durant leur deuxième et troisième années». Une phobie diffère d'une «peur ordinaire» par son intensité et son ampleur. Par exemple, les gens ayant une phobie des araignées craignent non seulement les araignées vivantes mais aussi celles qui sont sur des photos et dans leurs pensées. Voici les peurs les plus fréquentes des tout-petits des pays occidentaux:

- chiens,
- obscurité,
- monstres,
- insectes et reptiles (surtout les serpents),
- bruits forts (sonnette d'alarme, sirène, etc.).

La base
sommeil, alimentation et propreté

Même si les fonctions corporelles n'occupent plus une place aussi importante que durant les premiers mois de la vie de leur enfant, elles causent encore plusieurs préoccupations aux parents des tout-petits.

Le sommeil demeure un sujet préoccupant pour de nombreux parents; il peut même devenir une denrée rare et précieuse. Ceux qui ont bien supporté les insomnies de la première année avec leur bébé sont souvent étonnés de constater que, contrairement à la croyance populaire, leur tout-petit mettra encore pas mal de temps avant de faire de bonnes nuits de sommeil. Même les familles chanceuses (dont l'enfant dort bien la nuit), auront elles aussi quelques problèmes, vu les changements éventuels de ses habitudes de sommeil pendant la journée et la nuit.

Pour l'alimentation, les problèmes proviennent surtout du sevrage et des goûts et dégoûts particuliers des tout-petits. L'allaitement maternel est encore assez peu répandu dans les pays industrialisés, et plusieurs mères se sentent obligées de sevrer leurs enfants alors que ceux-ci voudraient bien continuer. Les repas, eux, sont souvent difficiles car les tout-petits sont moins affamés et ont une opinion sur tout, y compris les aliments qui les dégoûtent et le temps qu'ils doivent passer à table!

Enfin, il y a l'épineuse question de l'apprentissage de la propreté. Peut-être à cause de l'héritage de Sigmund Freud, le passage des couches au petit pot cause plus d'anxiété qu'il ne devrait. C'est en fait un nouveau défi à relever (comme apprendre à s'habiller ou à lire) et non un traumatisme d'enfance ou un problème de discipline. Avec une attitude détendue et positive et un peu de patience, il est même possible d'apprécier cette transition vers la maîtrise de la propreté.

Quelle que soit votre approche pour toutes ces questions, votre enfant vous laissera clairement savoir (si vous ne l'avez pas déjà compris) qu'il est un participant clé dans ce jeu! Une stratégie parentale qui comporte des solutions *familiales* répondant aux besoins des enfants et des adultes vous sera donc très utile pour les prochaines années.

«Fais dodo...» *une nouvelle routine au coucher*

Auparavant, vous allaitiez ou berciez votre nouveau-né pour l'endormir. Ou alors vous le déposiez dans son berceau quand il semblait fatigué, et il s'endormait tout seul. Et ses périodes de sieste et d'éveil étaient réparties (de façon imprévisible au début) sur toute la journée et la nuit.

Imaginez maintenant l'heure du coucher quand votre petit aura quatre ou cinq ans. Vous entrevoyez probablement des habitudes de sommeil plus structurées et plus matures. La plupart des parents croient qu'à cet âge, ils mettront leur enfant au lit tous les soirs vers la même heure et de la même façon, et qu'il dormira jusqu'à son heure habituelle le lendemain matin. Vous voyez aussi un changement de sa routine au coucher, avec une histoire, une berceuse ou une conversation plutôt que de l'allaiter, de le bercer ou de le promener pour l'endormir comme avant.

Ce sont des objectifs réalistes, mais votre enfant ne les atteindra pas immédiatement. Votre tout-petit se trouve probablement à mi-chemin entre les habitudes de sommeil d'un bébé et celles d'un grand enfant. C'est tout à fait normal (puisque les tout-petits sont presque par définition dans un état de transition), mais parfois difficile à vivre. Certains jours, il fait deux siestes et ne veut pas se coucher avant vous le soir. Un autre jour, c'est à peine s'il dort durant la journée et il finit par s'endormir pendant le repas du soir. Ou il permet à son papa de lui lire une histoire et de lui masser le dos à l'heure du coucher le soir, mais avec sa maman, il exige d'être allaité pour s'endormir.

«Vers 18 mois, les enfants atteignent un tournant dans leur développement», explique Lorraine Gilman, coordonnatrice d'ateliers pour parents de jeunes enfants. «Entre un et deux ans, ils connaissent de nombreux changements, incluant souvent des modifications de la quantité de sommeil et de nourriture dont ils ont besoin.»

Même si les habitudes de sommeil sont en train de changer ou peut-être à cause de cela, la plupart des experts pensent que c'est le moment d'établir une routine assez stable au coucher. «Il ne faut pas être trop rigide, conseille Lorraine Gilman, mais une routine au coucher facilite la tâche. Et certaines indications pendant la journée, qui suggèrent au cerveau qu'il faut ralentir et se reposer, sont très utiles. Cela aide les enfants à apprendre à se calmer par eux-mêmes en prévision du sommeil.»

Au vu des différences de développement chez les enfants de un et deux ans, de leur tempérament, des préférences des parents et de la logistique familiale, il n'est pas surprenant que les routines du coucher pour les tout-petits soient très variées. Examinons comment certaines familles organisent ce rituel quotidien.

Le troisième enfant de Béatrice Janot, Marc, vient d'avoir deux ans. Voici ce que sa maman a à dire au sujet de ses habitudes au coucher: «Je pense que les petits aiment un peu d'ordre dans leur vie. C'est pourquoi nous avons une routine avec Marc. Pour moi, le plus important est de faire en sorte que la période du coucher soit simple et courte: bain, pyjama, histoire et dodo. Et on se concentre sur la mise au lit.»

Même si la routine au coucher de Marc semble plutôt «adulte», Béatrice ajoute qu'elle l'allaite encore, et «dans 98 pour cent des cas, sa routine inclut l'allaitement». Et pendant qu'elle le sèvre graduellement, les composantes bain et histoire demeureront une constante familière pour Marc.

A 20 mois, Marie Grenier est encore allaitée, mais pas au coucher. Son papa, Bernard, n'est pas tout à fait satisfait de sa routine, même si cela semble fonctionner pour Marie. «Maintenant qu'elle dort sur un matelas posé sur le sol, dit-il, un de nous deux s'allonge habituellement avec elle et lui masse le dos pour l'endormir. Mais comme j'aime me coucher tôt, il m'arrive souvent de m'endormir avec elle. Ensuite, je me réveille et retourne me coucher dans mon lit. Je n'ai plus de soirées...»

Même si l'histoire lue au coucher est une tradition, certains tout-petits ne s'intéressent pas aux livres quand ils sont fatigués et d'autres se détendent mieux quand la lumière est éteinte. On peut alors leur chanter une berceuse à la place, ce qui est plaisant et intéressant pour les enfants et moins contraignant que la lecture. Le fils d'Elisabeth Allard, Jérémy, «adore son lit» et s'est toujours endormi seul. Sa routine au coucher est donc encore très simple. «Il a une couverture spéciale qu'il ne prend que pour la sieste et la nuit, dit sa maman. Il ne la traîne pas partout. C'est un peu le signal que c'est le temps d'aller au lit. On s'assoit ensemble et je lui chante une ou deux berceuses. Puis on lit ses prières et on parle de sa journée. Tout ça ne dure que quelques minutes, pas des heures. Il tient sa couverture et je le borde, puis il s'endort.»

Valérie Gauthier et son mari Simon étirent l'heure du coucher de leur petite de 16 mois, Katie. «Habituellement je l'allaite ou Simon la berce, explique Valérie, mais on a une assez longue période "d'activités calmes" avant. Elle s'assoit sur notre lit et on lit des histoires, on fait des puzzles et on joue avec des cubes. C'est un moment d'intimité familiale, et on ne se presse pas.» Même si Katie se couche très tard (la plupart du temps vers 23 heures), Valérie et Simon ne s'inquiètent pas: «C'est son rythme naturel depuis le tout début. On essaie de suivre sa routine plutôt que de la combattre. L'heure du coucher est un moment très agréable pour nous.»

«Auparavant, je m'étendais le soir avec mon enfant et lui chantais des berceuses. C'était bien mais parfois ça s'étirait trop. Je me souviens d'avoir passé presque toute la veille de Noël dans une chambre chez nos amis à essayer d'endormir Jonathan, en me sentant de plus en plus frustrée. Tout à coup, j'ai entendu une berceuse dans la chambre voisine: notre hôtesse faisait la même chose avec son petit garçon! Nous avons finalement émergé toutes les deux, à demi endormies, vers minuit...»

Lorraine Gilman rappelle que certains tout-petits ont besoin de plus d'aide pour réussir la transition au sommeil: «C'est en fonction de leur capacité à se calmer eux-même, et cela varie beaucoup d'un enfant à l'autre. Pour certains, beaucoup d'indices extérieurs (comme une routine au coucher plus longue) sont nécessaires pour leur permettre de se détendre. Les bébés qui devaient être bercés longuement pour s'endormir seront souvent de jeunes enfants qui requièrent plus d'attention. Certains ne supportent pas bien le changement, et toute modification à leur routine les désoriente complètement. D'autres enfin s'adaptent mieux et, pour eux, la constance à l'heure du coucher n'est pas aussi importante.»

France Paradis, dans «La valse du dodo», suggère: «La clé de voûte de cette heure du dodo, c'est de ne jamais rompre avec le rituel. Même les soirs de fête, ou lorsque nous rentrons tard, nous suivons la routine sans rien escamoter pour aller plus vite.

[...] Pour un enfant, accepter de sombrer dans le sommeil, c'est rompre volontairement le filet de sécurité avec ses parents, renoncer temporairement à la protection d'une mère et d'un père, accepter de sauter dans le vide. Cela demande du courage. Et les gestes du dodo sont autant de façons de dire "Je suis là, je ne t'abandonnerai pas".»

La routine au coucher évoluera selon les besoins de votre tout-petit et de votre famille, mais votre objectif de base ne changera pas. «Il est préférable que le moment du coucher soit un moment agréable de la journée et non une lutte décourageante», dit Lorraine Gilman. Dans toutes les familles, il y a des périodes où, selon l'expression de Bernard Grenier, l'heure du coucher est un moment pénible plutôt qu'une expérience agréable. Si c'est toujours le cas soir après soir, réexaminez la routine au coucher de votre enfant. Une nouvelle approche pourrait apporter les résultats heureux que vous et votre enfant désirez.

trucs & conseils

Conseils pour la sieste

«Jonathan a encore besoin d'une sieste, mais il n'est pas fatigué au début de l'après-midi. Il s'endort plutôt vers quinze heures, ou même plus tard, et se réveille grognon et désorienté vers l'heure du repas du soir. Puis il devient "M. Energie" juste quand il est temps d'aller au lit pour la nuit...»

La transition de deux siestes à une puis d'une à aucune, est difficile pour toute la famille. Il faut simplement tenir bon pendant cette période, mais voici quelques conseils qui peuvent aider:

- Il arrive aux tout-petits qui viennent d'abandonner leur sieste du matin de s'endormir pendant le repas du midi, et ensuite ils s'éveillent affamés. Servez alors le repas de votre petit à la fin de la matinée, jusqu'à ce qu'il accumule plus de résistance. Quand c'est la sieste d'après-midi qui disparaît, donnez-lui son repas du soir vers dix-sept heures.

- Pour éviter la sieste tant redoutée de fin d'après-midi (qu'aiment bien les tout-petits plus âgés qui n'arrivent pas à s'en passer), faites à tout prix dormir votre petit plus tôt en le promenant ou en le berçant, ou encore, laissez-le dormir vers seize heures mais pas plus de trois quarts d'heure. Certains enfants s'habituent bien à cette stratégie. Mais pour ceux qui se réveillent de mauvaise humeur et restent ainsi jusqu'au soir, il faut s'y prendre autrement.
- Des siestes tardives peuvent entraîner un décalage horaire: votre tout-petit fait sa sieste plus tard, donc se couchera plus tard le soir, se réveillera plus tard le matin et fera sa sieste du lendemain encore plus tard... Si vous avez un horaire flexible, laissez-le faire et attendez patiemment. Il abandonnera éventuellement sa sieste d'après-midi, et son heure de coucher se rajustera automatiquement. L'autre solution est de remettre son «horloge» à l'heure en le réveillant à l'heure habituelle le matin. Mais c'est souvent compliqué avec certains petits.
- Même quand les enfants n'ont plus besoin d'une vraie sieste pendant la journée, certains parents proposent une période de repos après le repas du midi. Cela leur permet de se reposer eux-mêmes une heure pendant que les tout-petits regardent des livres ou écoutent de la musique dans leur chambre. Une solution intéressante.

trucs & conseils

Du lit de bébé au grand lit

Quand votre enfant est-il prêt à dormir dans un grand lit? D'habitude, lorsqu'il peut sortir tout seul de son lit de bébé. Certains tout-petits dorment en paix dans leur lit de bébé jusqu'à trois ans alors que d'autres, alpinistes en herbe, doivent changer de lit plus tôt.

Après que l'aîné de Bernard Grenier, Florian, soit tombé de son berceau à l'âge de 10 mois, ses parents l'ont fait dormir sur un matelas posé sur le sol. «Ça semblait plus sûr qu'un lit sur pattes, explique son papa, et nous l'avons aussi utilisé plus tard pour Marie.»

Un lit présente des avantages ou des inconvénients, selon vos habitudes. «L'heure du coucher est beaucoup plus agréable maintenant que Hanna dort dans un grand lit, dit sa maman, parce que je peux m'y installer à côté d'elle. Elle se couche sous les couvertures, et on regarde des livres ensemble. Souvent, elle s'endort pendant que je lis. Si elle s'éveille pendant la nuit, je vais m'étendre avec elle.»

Les parents peuvent accéder plus facilement à un grand lit, mais les tout-petits en sortent aussi plus facilement. Des enfants qui s'endormaient jusque-là dans un lit de bébé peuvent maintenant quitter leur lit pour aller retrouver leurs parents. Il faut souvent plusieurs retours au lit très fermes pour leur apprendre à y rester.

Finalement, si votre petit se promène dans la maison la nuit plutôt que de vous appeler, il faudra placer une barrière de bébé dans le cadre de sa porte.

Les nuits difficiles
les réveils pendant la nuit

«Comment, il se réveille encore la nuit?» Cette question vous fait grincer des dents. On dirait que votre enfant de 18 mois est le seul de son âge qui ne dorme pas dix heures d'affilée. Mais n'en croyez rien! Voici un des secrets les mieux gardés: *beaucoup* de tout-petits se réveillent la nuit, et de nombreux parents sont très, très fatigués. Pire encore, plusieurs de ces derniers se sentent aussi gênés, et même coupables, de cet état de fait.

Certains experts du sommeil blâment les parents pour les problèmes d'insomnie des enfants. Mais le docteur David Haslam cite des recherches qui montrent que, dès leur naissance, certains bébés ont plus de difficulté à s'endormir et dorment moins longtemps. Vous n'avez donc sûrement pas *appris* à votre bébé à se réveiller.

Replaçons le problème dans son contexte.

Si votre petit vous réveille pour se faire caresser à trois heures du matin, ce n'est pas bien grave si vous ne manquez pas d'énergie. Julie Davis dit par exemple: «Ça n'affecte pas beaucoup mon besoin de sommeil et ça ne me dérange pas, parce que c'est normal quand on a un jeune enfant.» Après tout, les tout-petits ne sont pas très indépendants le jour, alors pourquoi le seraient-ils davantage la nuit?

Laura Clément, par contre, a passé des mois difficiles

avec son tout-petit, Christophe, «qui non seulement se réveillait la nuit, mais en plus voulait faire la fête! Je passais au moins une heure avec lui, plusieurs fois par nuit. J'ai vraiment besoin de mon sommeil, et ça me rendait folle.» A deux ans maintenant, Christophe se réveille encore fréquemment, mais d'habitude, il se rendort vite quand on vient le border. Selon sa maman, c'est maintenant un simple désagrément plutôt qu'un drame.

Les réveils pendant la nuit deviennent un gros problème quand ils empêchent les parents de fonctionner correctement. Des personnes épuisées ne sont pas très résistantes et rarement de très bonne humeur. Mais que faire?

D'abord, il est important de bien vous occuper de vous-même. Partagez donc cette responsabilité avec les autres membres de votre famille, mais d'une façon qui leur convient. Laura a constaté que c'était plus facile si son mari s'occupait des «urgences» la nuit. «On dirait qu'il a moins besoin de sommeil que moi», explique-t-elle. Dans d'autres familles, c'est la mère qui se lève, mais elle dort tard les matins des jours de congé. «Je me permets une grasse matinée de temps à autre, explique Lucie Fournier, parce que je travaille fort la nuit!» Discutez de cette situation avec d'autres parents, cela vous réconfortera et vous permettra de trouver de nouvelles solutions. Vous verrez que ce problème est très répandu.

Quelle attitude adopter avec votre tout-petit quand il se réveille en pleine nuit? Le conseil le plus fréquent est: «Laissez-le pleurer.» Plusieurs médecins proposent cette solution pour rééduquer les jeunes insomniaques. Une version modifiée (prônée entre autres par le docteur Richard Ferber) consiste à visiter votre enfant à intervalles réguliers pour le consoler, le rassurer et lui dire de se rendormir tout de suite. Selon cette théorie, les périodes de pleurs de votre petit vont progressivement s'écourter après quelques nuits, quand il constatera que ça ne lui donne rien.

C'est une méthode très difficile à appliquer. Laura et son mari l'ont essayée, et les habitudes de Christophe se sont un peu «civilisées». Mais, se rappelle Laura, «c'était très dur. Je ne pouvais supporter l'idée qu'il avait peut-être vraiment besoin de moi et que je refusais de l'aider.» Même si vous êtes convaincu que c'est la meilleure solution, il est terrible d'entendre votre bébé pleurer dans l'obscurité. Il vous faudra l'appui de votre conjoint (et le réconfort de vos amis le lendemain), ainsi qu'un bon livre sur ce sujet (pour vous occuper à lire à trois heures du matin).

Un autre argument contre la méthode des «pleurs» est qu'elle empêchera des parents déjà fatigués de dormir pendant peut-être une autre semaine. D'après Hélène Fortier, «on choisit la méthode qui nous permet de nous rendormir le plus vite possible, même si ce n'est pas une solution à long terme». Avec leur agilité à sortir (ou tomber) de leur lit, des tout-petits actifs et plus âgés rendent la situation encore plus compliquée et potentiellement dangereuse.

Certains parents sont incapables de laisser leur enfant pleurer tout seul. «Il s'arrêtera peut-être de crier, dit Monique Paquette, mais ça lui apprendra qu'il ne peut plus nous faire confiance.»

Après avoir amené leur enfant éveillé dans leur lit plusieurs nuits de suite, Monique et son mari sont devenus des défenseurs du lit *familial*. «Je déraillais complètement, dit-elle, j'étais si fatiguée! Une fois à nos côtés, il se rendormait tout de suite, et tout le monde dormait beaucoup plus.» David Haslam rapporte «qu'il a reçu plus de lettres citant le succès du partage du lit parental que toute autre solution». Mais certains parents dorment mal avec un tout-petit qui se tortille dans leur lit. La solution est peut-être alors d'installer un matelas dans leur chambre ou de faire dormir leur enfant dans un grand lit avec son frère ou sa sœur plus âgé. Tout dépend de vos habitudes de sommeil et de celles de votre petit.

Un programme de changement graduel de comportement pourrait aussi être la solution au problème. L'objectif est de modifier la capacité de s'endormir de votre enfant par étapes faciles, jusqu'à ce qu'il puisse retrouver le sommeil tout seul pendant la nuit. Par exemple, si vous le bercez habituellement pour l'endormir, le premier pas serait de remplacer la chaise berceuse par une chaise ordinaire. Plus tard, au cours de ce programme, vous n'auriez qu'à aller à sa porte lorsqu'il s'éveille et lui parler doucement. A la fin, vous pourriez simplement lui parler de votre lit pour le rassurer.

Quoique certains bébés ne dorment jamais leur nuit complète, tous finissent par grandir. «Tout ça n'est plus qu'un vague souvenir, dit Lucie Fournier. Après tout, ils ne restent pas petits bien longtemps...» Entre-temps, elle conseille aux parents «de se concentrer sur ce qui se passe le jour et non la nuit». Que l'insomnie de votre tout-petit soit un ennui mineur ou un problème majeur, elle ne représente qu'un aspect de ce qu'il est et ne l'empêche pas d'être un enfant merveilleux.

le saviez-vous?

Tempérament et sommeil

Votre style parental et votre niveau d'énergie ont une influence évidente sur votre approche quant aux réveils de votre tout-petit la nuit. Le tempérament de votre enfant complète l'équation. Il existe apparemment des différences claires et innées dans certains traits de caractère comme la susceptibilité au réveil, la régularité, la persistance et la sensibilité aux stimuli. Ces traits déterminent la facilité ou la difficulté avec laquelle votre petit s'endort et reste endormi. Ils se regroupent parfois dans les tempéraments appelés «à besoins élevés».

Les caractéristiques mêmes des bébés et des tout-petits à besoins élevés en termes de sommeil (facilité à se réveiller, grande sensibilité et mauvaise autodiscipline), vont à l'encontre d'une stratégie de laisser-faire (visant à les laisser pleurer pour qu'ils apprennent à se rendormir par eux-mêmes). Plus ils pleurent et s'excitent, et plus il leur est difficile de se détendre pour se rendormir.

Certains petits s'adaptent rapidement et facilement aux programmes d'apprentissage du sommeil. Mais ceux à besoins élevés y parviennent rarement. Il existe une nette différence entre quinze ou vingt minutes d'agitation et des heures de cris désespérés. Observez votre enfant et tentez de trouver l'approche qui convient le mieux à son tempérament et à vos besoins.

lectures

Des livres sur le sommeil

- *Moi, la nuit, je fais jamais dodo...*, Lyliane Nemet-Pier, Editions Fleurus, Paris, 2000.
- *Le sommeil, le rêve et l'enfant*, Marie Thirion, Albin Michel, Paris, 1999.
- *Les enfants qui ne dorment pas*, Dilys Daws, Editions Payot, 1999.
- *Le sommeil des bébés*, Isabel Gravillon, Milan, Toulouse, 1999.
- *Les problèmes de sommeil des enfants*, Dr Susan E. Gottlieb, Editions de l'Homme, Montréal, 1998.
- *Le sommeil, le rêve et l'enfant*, Marie-Josèphe Challamel et Marie Thirion, Editions Albin Michel, Paris, 1997.
- *Mon bébé, je l'attends, je l'élève*, Elizabeth Fenwick, Sélection du Reader's Digest, Montréal,1997.
- *Le sommeil: le comprendre et l'améliorer, ses troubles et ses remèdes*, Paul Caldwell, Guy Saint-Jean Editeur, Laval, 1997.

«J'ai faim!»
les habitudes et choix alimentaires

Annie Barrault se souvient que sa fille de deux ans, Clémence, était une très bonne mangeuse jusqu'à l'âge de 18 mois. Jusque-là, elle mangeait avec appétit et enthousiasme tout ce qu'on lui servait. Vers le milieu de sa deuxième année, l'appétit de Clémence a commencé à diminuer tout comme sa volonté de se nourrir. «Elle a alors complètement changé», affirme sa maman.

Selon Sarah Lynch-Vogelzang, diététicienne, Clémence a un comportement typique pour son âge. Après le développement rapide de la première année de leur vie, le taux de croissance des tout-petits ralentit et leur appétit diminue. «Les parents sont souvent étonnés de constater combien les portions des enfants de cet âge sont réduites, dit-elle. Par exemple, deux ou trois cuillerées à soupe de purée de fruit constituent une portion, et 125 ml de jus de fruit par jour peuvent être suffisants.»

Toutefois, il n'y a pas que les quantités ingérées qui soient moindres que prévues par les parents. Les tout-petits ont aussi des opinions de plus en plus fortes sur ce qu'ils aiment ou détestent. «Clémence aimait la salade de fruits, explique sa maman, mais on doit maintenant lui donner les fruits séparément. Rien ne doit être mélangé dans son assiette. Tantôt elle aime le brocoli, puis elle le refuse la semaine suivante.»

Sarah Lynch-Vogelzang affirme que cela est typique aussi, et que la seule solution consiste à ne pas en faire un drame. Les chercheurs ont découvert que les jeunes enfants mangent plus quand on place la nourriture devant eux et qu'on les laisse se débrouiller. Ceux qui sont encouragés à se nourrir par les adultes mangent moins. Si un petit n'aime pas un aliment, elle conseille de lui dire: «Ce n'est pas grave. Tu n'as pas besoin d'en manger.» Selon elle, un tout-petit qui sait qu'il n'a pas à manger toute sa portion d'un certain aliment sera plus porté à essayer de nouvelles choses.

«On devrait toutefois lui offrir de nouveau le même aliment deux semaines plus tard, même s'il l'a refusé la première fois, dit-elle. Les goûts des tout-petits changent constamment. Il faut parfois qu'ils essaient un aliment quinze ou vingt fois avant de se mettre à l'aimer.»

L'appétit des jeunes enfants est aussi affecté par d'autres facteurs, selon Sarah Lynch-Vogelzang. Ils sont peu intéressés à manger quand ils sont fatigués, excités et indisposés (à cause d'un rhume ou de dents qui percent) ou qu'ils ont l'estomac plein après avoir bu du lait ou du jus de fruit. Les enfants très actifs ont aussi de la difficulté à rester assis durant tout un repas. Trop de choses intéressantes réclament leur attention.

Annie affirme que lorsque Clémence annonce qu'elle a fini, elle n'essaie pas de la faire continuer à manger. Elle transfère plutôt le reste de son repas sur un petit plateau de plastique, qu'elle posera près de sa fille après le repas. «Souvent, elle prend des morceaux qu'elle grignote pendant qu'elle joue, dit-elle. Elle ne s'aperçoit même pas qu'elle est en train de finir son repas!»

Clémence aime les aliments coupés en petits morceaux et tout ce qu'elle peut manger avec les doigts, ajoute sa maman. Sarah Lynch-Vogelzang conseille aussi de servir de petites portions aux tout-petits. Il vaut mieux que votre enfant demande une seconde portion plutôt que de se sentir dépassé par une assiette trop remplie.

Que faire avec les tout-petits qui refusent tout un groupe d'aliments, habituellement les légumes? Sarah Lynch-Vogelzang suggère de les préparer d'une autre manière: l'enfant qui déteste la salade aimera peut-être les légumes cuits ou des carottes et du chou râpés avec un peu de vinaigrette. Annie explique qu'elle «décore les aliments, avec un peu de sauce au fromage ou de vinaigrette sur les légumes par exemple». Vous pouvez aussi dissimuler les aliments moins populaires dans les sauces des pâtes ou des plats cuisinés (réduisez-les en purée pour mieux les cacher). Et rappelez-vous surtout que la plupart des nutriments importants se trouvent aussi dans les fruits.

Annie ajoute que, les jours où sa fille a une «grande faim» et mange avec enthousiasme, elle lui donne beaucoup de légumes ou d'autres aliments qu'elle dédaigne les autres jours.

Sarah Lynch-Vogelzang propose d'instituer un rythme pour les repas des jeunes enfants. «Quelque temps après chacun de ses trois repas de la journée, un tout-petit prend habituellement un goûter. Servez ceux-ci vers la même heure chaque jour. Si votre petit devient trop affamé, il ne mangera pas aussi bien.»

«A un an, nos trois enfants mangeaient à peu près tout, puis ils sont devenus à trois ans des mangeurs extrêmement difficiles. Encore maintenant, ma cadette m'agace beaucoup en refusant des aliments qu'elle aimait auparavant. Mais au moins, je sais par expérience qu'elle ne mourra pas de faim.»

Les goûters doivent être vus comme parties intégrantes de l'alimentation globale de l'enfant et choisis parmi les groupes alimentaires. Mais des gâteries comme les biscuits ont aussi leur place dans les menus des tout-petits. «S'ils n'en mangent jamais, ils en voudront souvent, dit-elle. Servez-les en quantités modérées de temps à autre seulement et ne les utilisez pas comme récompense.»

Même si les tout-petits font beaucoup de dégâts en mangeant, les parents doivent rester détendus et agréables. «Vous savez que votre petit va renverser quelque chose, explique Sarah Lynch-Vogelzang, alors préparez-vous. Si cela vous aide à être moins tendu, mettez-lui une bavette, utilisez une nappe en plastique et placez des journaux sous sa chaise.»

Gardez la même attitude détendue quand votre tout-petit est finalement en train de manger. Il est généralement peu productif de forcer votre enfant à manger ou de tenter de le persuader d'accepter des aliments dont il ne veut pas. La meilleure approche consiste à lui offrir de petites portions d'une variété d'aliments, puis de le laisser décider combien il en mangera. «Les parents ont la responsabilité d'offrir une variété d'aliments nutritifs à leurs enfants, conclut Sarah Lynch-Vogelzang. Mais celui-ci a le droit de décider combien il mangera de chacun d'eux. Si vous suivez ce principe, les repas de votre petit seront beaucoup plus harmonieux.»

A la fin de l'article «Petits et grands, Purées maison», Joe-Ann Benoît suggère: «Si vous connaissez d'autres nouvelles mamans, pourquoi ne pas organiser une "popotte collective"? Vous achetez de la nourriture en grande quantité, vous vous réunissez dans une cuisine et vous préparez chacune un type d'aliment: des fruits, de la viande, des légumes, etc. C'est rapide, cela vous permet d'avoir une plus grande variété de purées maison en quelques heures seulement et, en plus, c'est très économique! A la fin de la séance, partagez les purées et les frais: vous constaterez que vous dépensez moins que si vous aviez préparé chacune des petites quantités [...]. C'est bon pour le régime alimentaire de bébé, le porte-monnaie et le moral!»

trucs & information

Les goûters des tout-petits

Quand votre petit a faim entre les repas, servez-lui des groupes d'aliments dont il n'a pas assez mangé dans la journée. Par exemple, a-t-il dégusté beaucoup de fruits au déjeuner mais négligé les aliments à protéines? Donnez-lui des cubes de fromage et des biscuits au blé entier, ou du fromage à tartiner sur une biscotte ou sur du pain. A-t-il mangé son jambon mais refusé les légumes? Offrez-lui un goûter pour combler ce manque: haricots verts ou chou-fleur cuits à la vapeur, à tremper dans du fromage blanc. Quelques suggestions de goûters délicieux pour votre tout-petit:

- yaourt nature avec fruits (pêche, poire, compote de pomme, banane),
- purée de banane, germe de blé et jus d'orange,
- sucette glacée aux fruits, jus de fruit ou yaourt,
- lait et fruits passés au mixer pour obtenir un "lait frappé",
- petits sandwichs au fromage à la crème et au concombre,
- céréales sans lait (avec fruits à la demande),
- «rouleau» de laitue avec fromage ou beurre d'arachide (plusieurs tout-petits adorent ça!),
- petits morceaux de poulet froid,
- carotte et chou râpés, agrémentés d'un peu de mayonnaise et de raisins secs.

Faites place à l'imagination! Les tout-petits aiment souvent des combinaisons de saveurs qui semblent étranges aux adultes, alors faites vos propres expériences.

ATTENTION: S'il y a des antécédents d'allergies dans votre famille, il est prudent de remplacer les aliments concernés par d'autres.

le saviez-vous?

Aliments et sécurité

Les tout-petits sont à un âge dangereux en ce qui concerne la nourriture. La plupart d'entre eux n'ont pas encore assez de dents pour bien mastiquer et ils ont tendance à courir, à parler et à rire avec des aliments dans leur bouche. Les parents doivent être conscients des dangers potentiels et ne jamais laisser les tout-petits seuls pendant qu'ils mangent.

Selon une étude, les aliments qui causent le plus d'étouffements sont:

- saucisses,
- noix,
- bonbons durs,
- raisins,
- maïs soufflé.

Les jeunes enfants peuvent aussi s'étouffer avec des carottes, des morceaux de pomme, des fèves et du pain (surtout le pain blanc tartiné de fromage à la crème ou de beurre d'arachide qui, mal mastiqué, forme des boules collantes). Ces aliments ne doivent pas être donnés aux tout-petits sans modification préalable pour les rendre moins dangereux. Afin d'encourager les petites bouchées par exemple, coupez les saucisses en quatre sur la longueur puis en petits morceaux, et les raisins en deux ou en quatre; hachez ou cuisez les carottes et les pommes; taillez les sandwichs en bâtonnets.

Il vaut mieux ne pas donner de nourriture à votre tout-petit pendant les trajets en auto. S'il s'étouffe, il peut alors vous être difficile ou même impossible d'intervenir rapidement.

Pour en savoir plus:

- *Le grand livre de bébé bouffe, plus de 200 recettes faciles, rapides et nutritives*, Annabel Karmel, Guy Saint-Jean Editeur, Laval, 1998.
- *Comment nourrir son enfant, du lait maternel au repas complet*, Louise Lambert-Lagacé, Editions de l'Homme, Montréal, 1996.

Sevrer ou non?

l'allaitement après la première année

Le petit Yvan (16 mois) s'agite de plus en plus depuis vingt minutes. Finalement, il arrête de frapper le sol et grimpe sur les genoux de sa maman. Cela fait une heure qu'il a mangé, et il a maintenant besoin d'une sieste. Sa mère, Jacqueline Savard, le prend dans ses bras, détache sa blouse et lui sourit. L'enfant soupire de contentement. Dix minutes plus tard, il est profondément endormi, avec un reste de lait au coin de la bouche. L'allaitement a une fois de plus opéré sa magie.

Jacqueline se rappelle que lorsqu'elle allaitait sa fille aînée Caroline à cet âge, on lui faisait souvent des commentaires négatifs. «Les gens s'étonnaient souvent que je l'allaite encore, explique-t-elle. Maintenant on me dit plutôt que c'est merveilleux que je puisse le faire aussi longtemps. Il y a vraiment eu un changement d'attitude à ce sujet.»

Ce changement d'attitude dépend en partie des nouvelles recherches sur les bienfaits de l'allaitement maternel. Auparavant, on croyait que les apports nutritifs et immunitaires du lait maternel étaient négligeables après les premiers six à douze mois. Mais des chercheurs ont maintenant démontré que ces bienfaits continuent tant que dure l'allaitement. En fait, on a découvert que la concentration d'anticorps augmente durant la deuxième année.

Une recherche de 1991 qui portait sur des enfants allaités jusqu'à trois ans a révélé que leur taux moyen de maladies pendant cette période était beaucoup plus bas que pour les enfants non allaités. Plusieurs études à la fin des années 1980 ont démontré que les otites étaient moins fréquentes chez les tout-petits allaités. La protection fournie par l'allaitement est particulièrement utile aux enfants qui fréquentent la crèche. De plus, le lait maternel facilement digeste est parfois le seul aliment toléré par un enfant malade: continuer l'allaitement lui permettra donc de se rétablir plus vite.

Les autres avantages de l'allaitement après la première année incluent un meilleur développement des mâchoires et de l'arcade dentaire (en raison de la technique différente pour téter). Ce qui réduit les risques de problèmes de langage et de recours à l'orthodontie. Il continue aussi de profiter aux enfants allergiques, leur donnant plus de temps pour développer une tolérance aux autres aliments.

Jacqueline croit fermement que l'allaitement contribue à la bonne santé de son fils. «Mes deux autres enfants vont à l'école, et Yvan est continuellement exposé aux microbes du rhume et à plusieurs virus. Mais il est rarement malade et récupère très vite quand son nez coule ou qu'il a un petit rhume.»

Ce n'est toutefois pas le premier avantage auquel pense Jacqueline quand on lui demande pourquoi il est important d'allaiter Yvan. Pour elle, ce sont les aspects émotifs (non mesurables par les études) qui l'encouragent à continuer d'allaiter.

«Il y a des centaines d'avantages, dit-elle. Mais surtout, ça nous rend heureux tous les deux. L'allaitement aide à chasser la frustration. Quand il fait une crise, c'est la seule chose qui le calme à tout coup. Et ça détend la maman aussi. Lorsqu'il crie pour des riens, j'ai envie de hurler aussi. Mais l'allaitement nous rapproche tous les deux. Il se détend et moi aussi, puis on repart à neuf.»

Jacqueline constate que, comme elle allaite encore Yvan, elle est moins préoccupée par le reste de son alimentation. Il mange des aliments solides et boit du jus de fruit et de l'eau au gobelet, mais comme tous les jeunes enfants, il se désintéresse de la nourriture certains jours. Quand ça se produit, sa maman ne s'inquiète pas puisque son fils absorbe au moins les nutriments de son lait.

L'allaitement des tout-petits réserve aussi quelques surprises. Jacqueline pensait qu'en grandissant son fils voudrait moins téter, mais ce n'est pas le cas. Elle estime qu'elle l'allaite maintenant plus souvent qu'avant, de dix à quinze fois par jour. Beaucoup d'enfants de l'âge d'Yvan ne sont toutefois allaités qu'une ou deux fois par jour: les habitudes de chacun sont différentes. Jacqueline précise qu'il ne s'agit parfois que «d'allaitements de toucher, juste trois ou quatre tétées, et c'est suffisant». C'est souvent pour se réconforter parce qu'il s'est fait mal ou est frustré par une activité difficile. Mais il tète plus longtemps avant la sieste ou le soir, et après une absence assez longue de sa maman pour rétablir le contact avec elle.

Lorsqu'elle discute du sevrage, Jacqueline pense à sa relation avec son fils. Ce processus a débuté il y a près d'un an, quand Yvan a commencé à manger des aliments solides et à boire au gobelet, mais il est difficile de prévoir quand il se terminera. «Je ne sais pas du tout quand il s'arrêtera, dit-elle. Lorsqu'on allaite, c'est difficile d'imaginer que cela arrêtera un jour, même si je m'y attends dans un avenir prochain. Mais je suis sûre qu'il en a encore besoin maintenant. Il n'est pas tout à fait prêt à briser ce lien qui nous unit.»

le saviez-vous?

Le prolongement de l'allaitement: une perspective globale

La période moyenne d'allaitement est de quelques mois seulement en Europe. Cela constitue un peu une aberration culturelle et historique. Shirley Phillips, ancienne présidente d'une ligue de promotion de l'allaitement maternel, explique qu'un «allaitement de quelques années n'était pas inhabituel pour nos arrière-grands-mères et est encore la norme ailleurs dans le monde». Même si vous êtes la seule mère de votre entourage qui allaite encore durant la deuxième année (ou plus), vous n'êtes pas la première ni la seule à le faire.

trucs & conseils

Les règles de l'allaitement des tout-petits

Comme l'allaitement après la première année n'est pas fréquent dans notre société, les mères recherchent souvent une certaine discrétion quand elles allaitent leur tout-petit en public, surtout si ce n'est pas bien accepté dans leur milieu.

Voici quelques suggestions:

- Vous pouvez apprendre à votre enfant un mot de code pour désigner l'allaitement, et l'utiliser dès que possible pour qu'il s'en rappelle. Lorsqu'il criera ce mot en public pour réclamer le sein, les autres ne le comprendront pas. Les tout-petits trouvent aussi souvent leur propre terme, dérivé de leur expérience.
- Votre enfant doit aussi savoir qu'il n'est pas toujours possible d'être allaité sur le champ. Plusieurs mères commencent à imposer des limites d'endroit et de temps avec des

phrases comme: «Quand nous serons à la maison», ou «Quand nous arriverons à la voiture». Apportez avec vous des goûters pour faciliter l'application de ces nouvelles règles.

- Pour vous donner du courage après un commentaire désobligeant, pensez à cette remarque de Shirley Phillips: «Une personne regardant un tout-petit au sein voit l'enfant en devenir. Mais la mère, les yeux fixés sur ceux de son tout-petit, voit le bébé à l'intérieur.»

La fin des couches
l'entraînement à la propreté

Finies, les couches... Que cela signifie la fin du lavage ou des achats de couches, c'est toujours une bonne nouvelle pour les parents. Malheureusement, entre les couches à temps plein et leur absence totale, il faut passer par l'entraînement à la propreté, une période de flaques sur le plancher, de culottes salies et de recherches incessantes de toilettes publiques. Existe-t-il une méthode plus facile?

Patricia Manique, éducatrice de jeunes enfants de deux à trois ans dans une crèche, connaît bien ce problème. «Nous avons entraîné à la propreté des centaines de petits ici», dit-elle. Pour cela, elle utilise une approche qu'elle qualifie de «naturelle» et attend que chaque enfant soit prêt à commencer. «C'est assez compliqué et ça comprend plusieurs étapes, explique-t-elle. La plupart des enfants ne commencent à utiliser les toilettes de façon constante que vers deux ans et demi ou même trois ans.» Et généralement les filles le font plus tôt que les garçons.

Quand un tout-petit semble prêt à commencer (voir «Trucs et conseils» page 76), le personnel de la crèche le familiarise avec les toilettes ou le petit pot. Plusieurs experts affirment qu'un pot bas et stable est plus confortable et approprié pour les jeunes enfants. Certains comportent un «pare-urine» pour garçons dont les bords sont tranchants et peuvent blesser si on ne s'assoit pas bien droit; enlevez-le donc et demandez à votre petit de rabattre son pénis.

Les éducateurs de la crèche n'obligent pas les enfants à utiliser les toilettes ou le pot. Mais après chaque changement de couche, ils leur suggèrent de s'asseoir dessus. Par la suite, on invite gentiment l'enfant à essayer d'uriner dedans, surtout si la couche est sèche et qu'il a probablement envie. «On leur lit aussi une histoire sur les toilettes, puis on discute comment les enfants sont en train d'apprendre à les utiliser, comme un grand garçon ou une grande fille, mais sans trop insister», dit Patricia.

Les tout-petits ne se rendent pas vraiment compte de ce qui se passe dans leurs couches. La première étape d'un entraînement à la propreté réussi est donc de les sensibiliser aux sensations d'élimination. Les parents peuvent y contribuer en disant, lorsqu'un enfant est en train d'aller à la selle: «Oh, tu fais un petit caca. Quand tu auras fini, je changerai ta couche pour que tu sois bien propre.» Plus tard, aidez-le à comprendre les signes avant-coureurs: «Tu te tortilles beaucoup. As-tu besoin d'aller aux toilettes?» Un petit conseil: les couches superabsorbantes ne semblent jamais très mouillées; si votre enfant ne se rend pas bien compte s'il est mouillé ou non, essayez un modèle de couches moins efficaces.

Il peut être très utile de laisser la porte ouverte pendant que vous êtes aux toilettes (si ça ne vous embarrasse pas) et d'expliquer à votre tout-petit ce que vous êtes en train de faire. Les enfants sont des imitateurs naturels, et les bébés qui ont des frères ou sœurs plus âgés sont très familiers avec les toilettes. C'est sûrement la façon la plus simple d'apprendre. Imaginez ce que ce serait d'apprendre à conduire une voiture sans avoir jamais vu quelqu'un d'autre le faire!

Patricia ajoute que les éducateurs de sa crèche n'obligent

jamais un enfant à s'asseoir sur les toilettes. Si un petit «résiste», ou qu'il ne s'y est pas intéressé après quelques jours, on abandonne l'idée pour le moment. «Il vaut mieux essayer de nouveau quelques mois plus tard, explique-t-elle. Quand il faut trop pousser les tout-petits, ça devient une expérience désagréable et décourageante. Et ils auront tendance à résister ensuite à l'entraînement à la propreté plutôt que d'être enthousiastes. En bout de compte, ça allongera le processus.»

Penelope Leach suggère aux parents de minimiser les accidents décourageants au début, en laissant leurs couches aux tout-petits jusqu'à ce qu'ils utilisent le petit pot fréquemment. Même à ce stade, on peut utiliser des couches pour les siestes, les sorties et les jours où vous n'avez pas le temps de nettoyer les dégâts. Mais assurez-vous que les couches ne représentent pas un échec ou une punition. Presque tous les experts affirment qu'il est néfaste et injuste de réprimander ou blâmer les enfants pour les accidents inévitables. Mieux vaut encourager discrètement l'enfant: «Hum, tu as mouillé ton pantalon? Je vais t'en donner un autre bien propre et je suis sûre que la prochaine fois tu feras ton pipi dans le pot.»

En fait, certains experts suggèrent de ne pas *trop* faire de cas des succès non plus. Bien sûr, vous complimenterez votre tout-petit, mais il est de loin préférable que celui-ci apprenne à utiliser les toilettes parce qu'il en a envie, plutôt que pour vous faire plaisir ou pour obtenir une récompense. Un simple «Bravo!» suffit.

C'est une différence subtile mais importante. Selon Penelope Leach: «Dans l'entraînement à la propreté, il ne faut pas faire croire à l'enfant qu'il fait quelque chose *pour vous*. Il faut l'aider à le faire *pour lui*.»

trucs & conseils

Prêt pour l'entraînement à la propreté?

Observez les signes qui vous apprendront que votre enfant est prêt à utiliser les toilettes:

- Ses couches restent sèches pendant longtemps.
- Il comprend qu'uriner et déféquer sont les résultats de sa propre élimination, se rend compte si sa couche est mouillée ou souillée et préfère (idéalement) être propre et sec.
- Il sait que les plus grands enfants et les adultes utilisent les toilettes plutôt que des couches et que ce sera la même chose pour lui un jour.
- Il en parle (par exemple, il demande à être changé ou s'interroge où va l'eau des toilettes) et veut même essayer.
- Il pourra mieux contrôler le processus s'il est capable de baisser lui-même sa culotte et de s'asseoir sur le pot. (Les pantalons à taille élastique et les jupes sont plus commodes que les salopettes.)

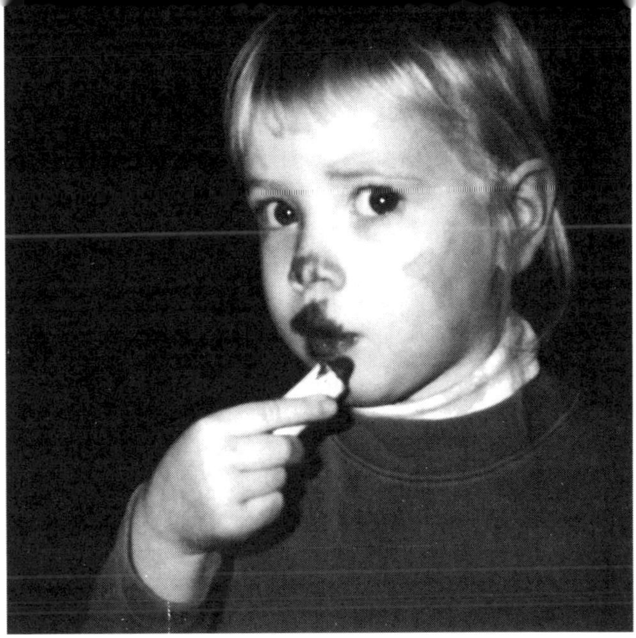

Une relation positive

les tout-petits ont du caractère!

On pense généralement que c'est durant sa première année qu'un enfant demande le plus de soins et d'attention. Mais nous croyons que ce sont plutôt les deuxième et troisième années qui remportent la palme dans ce domaine. C'est vrai que les bébés ont besoin de vous pour tout, mais au contraire des tout-petits, ils ne barbouillent pas le miroir de rouge à lèvres, ne font pas de crise quand il faut rentrer et ne se précipitent pas dans la rue. Pour les parents d'enfants de ce groupe d'âge, la vigilance et la patience sont deux qualités indispensables, ainsi qu'une résistance à toute épreuve!

Les parents expérimentés et les professionnels remarquent que la vie avec un tout-petit est plus facile si l'on accepte ses limites et planifie en conséquence, plutôt que de l'obliger à agir avec plus de maîtrise de soi et de maturité qu'il n'en est capable. Minimiser les frustrations et les dangers, ménager plus de temps pour les transitions et respecter son tempérament entraîneront moins de conflits et de stress, et plus de plaisir pour toute la famille.

Pourtant, la vie continue et ne satisfait pas toujours les préférences de votre enfant. C'est parfois tout un défi de l'aider à faire face aux nombreuses exigences et difficultés de sa vie. Il doit recevoir ses vaccins, il ne peut pas jouer dans les toilettes, et vous devez aller à la banque, même si c'est l'heure de sa sieste. Dans ces moments-là, ses demandes et protestations peuvent facilement vous agacer et vous frustrer, ou même vous faire croire qu'il vous complique la vie délibérément. Mais ce n'est pas le cas. Il est encore trop jeune pour comprendre vos sentiments et vos besoins, et n'est conscient que de sa propre interprétation du monde.

Il peut être difficile de trouver l'énergie de jouer avec votre tout-petit dans la file d'attente à la caisse du supermarché, quand vous êtes aussi impatient et fatigué que lui. Pas facile non plus de constamment abandonner votre lecture pour l'éloigner du feu de cheminée et lui trouver une activité intéressante. Et très astreignant de jouer encore avec lui, pour la centième fois au moins, au même petit jeu qu'il adore en ce moment. Les parents ne sont pas parfaits après tout, et vous n'êtes pas toujours aussi motivé que vous le voudriez. Mais ce n'est pas grave, car votre enfant est aussi résistant qu'indulgent: il vous donnera toutes les chances de vous reprendre. Manifestez-lui la même générosité, et tout ira bien.

Imposer des limites
une discipline adaptée aux tout-petits

Pendant la première année, nous ne considérons pas les limites que nous imposons à nos bébés comme de la «discipline». Nous les protégeons des dangers et les empêchons de tout abîmer, mais sans nous attendre à ce qu'ils comprennent nos règles et modifient leur comportement en conséquence. Quand ils deviennent des tout-petits, nos enfants commencent toutefois à comprendre le langage et à imiter nos actions. Ils sont plus conscients des autres personnes et plus intéressés à savoir comment se font les choses. Et plus important encore, ils développent une volonté très forte qui s'oppose souvent à la nôtre. C'est le moment d'enseigner les bonnes manières à notre enfant. Mais comment s'y prendre?

Avec de très jeunes enfants, la discipline est plutôt une affaire de «coups de main». Mais nous ne parlons pas de fessée, bien sûr! Il est plutôt question pour les parents «d'aider» physiquement leurs tout-petits (qui n'ont pas encore beaucoup d'autodiscipline), à suivre certaines règles importantes. Voici un exemple:

Alex et Marc sont au parc et jouent ensemble dans le carré de sable. Alex (18 mois) est tout à coup fasciné par la façon dont le vent souffle le sable qu'il lance dans les airs. Mais il le souffle droit dans les yeux de Marc! Leur mère, Pauline, intervient.

Elle s'accroupit à côté d'Alex et lui tient le bras pour qu'il ne prenne pas une autre poignée de sable. Surpris, il lève les yeux. «Alex, dit-elle, il ne faut pas lancer de sable. C'est dangereux pour les yeux de Marc.» «Pas lancer», répète Alex. Sa mère se relève et le surveille. Alex prend du sable, puis le verse sagement dans son seau et regarde sa maman. «Très bien, chéri», fait Pauline.

Sauf que rien n'est encore réglé. Alex prend ensuite deux poignées de sable et les lance en direction du visage de son frère aîné. Heureusement, Marc a prévu le coup et se détourne. Le sable atterrit dans ses cheveux. Que faire?

Pauline n'attend pas une reprise. Elle ramasse rapidement Alex et l'assoit sur un banc. Loin de la scène des hostilités, elle lui répète calmement la règle: «Alex, il ne faut pas lancer du sable. C'est dangereux.» Elle est accroupie devant lui pour capter son attention et l'empêcher de fuir. «Bon, on va faire autre chose maintenant, dit-elle. Veux-tu aller sur la balançoire?»

C'est une approche qu'approuve l'éducatrice Cathy Lynn. Les «tout-petits n'ont pas assez de volonté et de compréhension pour suivre à la lettre une instruction verbale. Ils ont besoin que nous la complétions par une action. Ça les aide à comprendre ce que nous voulons et aussi que c'est sérieux.»

Une «action» ne signifie toutefois pas une colère ni une punition. «Il est approprié de commencer à enseigner aux tout-petits qu'il existe des limites, dit-elle. Mais il est important de ne pas avoir des attentes irréalistes. Ces jeunes enfants sont très curieux, poussés par leur besoin d'indépendance et menés par leurs émotions.» Ils explorent donc tout ce qu'ils peuvent, vous défient et font une crise lorsqu'on les contredit. Plutôt que de voir ces événements inévitables comme des «fautes», les parents devraient comprendre que «les tout-petits ont besoin d'agir ainsi pour atteindre leur niveau de développement suivant».

Puisque les tout-petits maîtrisent mal leurs impulsions, Cathy Lynn soutient que la prévention est la «méthode» de discipline la plus efficace: «La première étape est un milieu physique et social approprié, pour que les tout-petits aient toute possibilité d'explorer et de jouer sans problèmes.» Une surveillance vigilante est nécessaire aussi, bien sûr. «Quand vos enfants jouent dans une autre pièce et que vous croyez qu'il est temps d'aller y jeter un œil, n'attendez pas encore cinq minutes pour terminer votre tâche. C'est le moment précis d'aller voir vos petits et de les réorienter, avant le désastre!» Fiez-vous toujours à votre intuition de parent!

Quand il est question de règles et de limites, «il ne faut jamais perdre de vue son objectif, ce qui doit et ne doit pas arriver, et toujours se concentrer sur les points vraiment importants», suggère Cathy Lynn. Maria Shuwera, mère d'Anna (deux ans) et de Bastien (quatre ans) et ancienne gardienne en milieu familial, est du même avis: «Il faut choisir ses batailles et décider ce qui vaut la peine. Auparavant, je possédais plusieurs plantes d'intérieur. Mais quand Bastien était tout petit, je n'arrivais pas à l'empêcher d'y toucher. Je les ai placées de plus en plus haut, puis je m'en suis débarrassée après m'être posé cette question: “Qu'est-ce qui est le plus important?” Je pourrai avoir d'autres plantes dans quelques années, mais pas l'enfance de mes petits.»

Cathy Lynn précise que, pour imposer une discipline aux tout-petits, il faut une approche pratique: «Nous sommes si épris des principes de bonne communication... Les parents éprouvent des problèmes quand ils croient qu'il leur suffira de raisonner leurs enfants. Il faut toujours se rappeler qu'ils sont encore très jeunes.» Quoique certains parlent déjà très bien à cet âge, leur capacité de raisonner n'est pas très développée. Même s'ils peuvent suivre notre raisonnement, les mots ne veulent pas dire grand-chose pour eux. «Mais si vous rangez son gobelet chaque fois qu'il le lance, dit-elle, il finira par comprendre clairement ce message.»

Cela signifie-t-il qu'il faut éviter d'expliquer les règles à nos tout-petits? Pas du tout. «Vous devez leur énoncer les règles, parce que vous commencez un processus d'apprentissage, dit Cathy Lynn. Quand vous écartez votre enfant d'une dispute, dites-lui: "Il ne faut pas faire mal aux autres. C'est pourquoi je t'éloigne de ta sœur."»

Commencez aussi à offrir des choix simples à votre tout-petit, recommande Cathy Lynn. «Les limites imposées au comportement s'accompagnent de la liberté de choix. Graduellement, dans les années à venir, vous lui déléguerez plus de pouvoir. Mais en ce moment, vous introduisez simplement le concept: "C'est l'heure d'aller au lit. Veux-tu monter toi-même ou bien que je te porte?"» Voilà une façon d'aborder le chemin que vous parcourrez ensemble pendant son enfance.

Maria admet qu'elle a un peu trop expliqué les règles de discipline à ses enfants, mais, dit-elle, «je veux qu'ils sachent pourquoi ce n'est pas permis. S'ils ne comprennent pas tout de suite, ce sera plus clair pour eux dans quelques mois.» Tout de même, elle doit souvent «agir d'abord et expliquer ensuite. Anna, par exemple, n'écoute pas beaucoup. L'autre jour, elle a presque traversé la rue toute seule. Je l'ai prise dans mes bras et l'ai remise sur le trottoir, mais elle s'est mise à crier, frustrée dans son désir d'indépendance. Quand elle s'est calmée plus tard, je lui ai rappelé que la rue est dangereuse et qu'elle doit traverser avec moi.»

Cette période est très exigeante pour les parents. Il faut beaucoup de vigilance, de persévérance et de créativité pour assurer la sécurité de nos enfants à cet âge. Leur comportement est souvent provocant et même étonnant, mais ils ont autant besoin de nos encouragements attentifs et positifs que de nos règles de discipline. Même si parfois nos efforts pour leur apprendre ces limites semblent inutiles et incompris.

Armez-vous de patience. Le comportement de votre enfant s'améliorera avec le temps, à mesure que se développera l'autodiscipline qui lui manque tant maintenant. «Pendant un bout de temps, Bastien mordait les autres enfants, se rappelle sa maman, et j'étais mortifiée. Je me demandais pourquoi il le faisait. Mais parfois il n'y a pas de "pourquoi". Puis il s'est arrêté de mordre: il avait enfin dépassé ce stade.»

trucs & conseils

L'ABC de la discipline des tout-petits

Vos principales ressources pour la discipline à cet âge relèvent de la prévention:

- maison adaptée pour la sécurité du tout-petit,
- surveillance vigilante,
- distractions pour détourner l'attention,
- nourriture, sommeil et exercice en quantité suffisante.

Quand vous imposez des limites à votre tout-petit:

- éloignez-le du problème,
- parlez-lui simplement,
- offrez une alternative acceptable et aidez-le à s'y intéresser,
- surveillez, pour empêcher une reprise.

le saviez-vous?

Les limites des tout-petits

Les parents qui s'attendent à voir un comportement de «grand enfant» chez leur tout-petit connaîtront une ou deux années très frustrantes. Voici pourquoi.

- Les jeunes enfants de cet âge sont impulsifs, et il est difficile de développer leur autodiscipline. (Pensez à vos propres luttes contre la tentation d'un second dessert.) Ils «savent» peut-être que c'est interdit, mais ils ont besoin de votre aide pour combattre leurs impulsions.
- Ils ne peuvent comprendre les idées complexes. Si on leur a interdit la semaine passée d'aller dans la rue, savent-ils que cette règle s'applique tout le temps et pour toutes les rues? De telles règles nous semblent simples, mais pas pour eux.
- L'attention et la mémoire des tout-petits sont inconsistantes. Ils se rappellent peut-être qu'ils ne doivent pas traverser la rue seuls. Mais quand ils voient un chien de l'autre côté, ils ne pensent qu'à leur amour des chiens et oublient votre règle. Il leur est difficile de penser à deux choses en même temps.

Il faut bien sûr imposer des limites à nos tout-petits, à la fois pour leur sécurité et pour notre paix d'esprit. Mais il faut comprendre qu'à leur âge, ils ne peuvent éviter la plupart de leurs «fautes».

«Ne touche pas!»
le besoin d'explorer

Christine et Jean sont musiciens, et leurs instruments sont très importants pour eux. La précieuse guitare de Jean est installée de façon précaire sur un support dans le salon, à portée de main quand il a envie d'en jouer. Elle est aussi facilement accessible à leur fils d'un an, qu'elle attire comme un aimant.

Les parents ont décidé de ne pas déplacer leurs instruments et la plupart de leurs autres possessions pour les protéger du petit Arthur. Au lieu de cela, ils lui tapotent la main plusieurs fois par jour en disant «Non!» «C'est notre maison, explique Jean, et ce sont nos affaires. Arthur doit apprendre à les respecter.»

Cathy Lynn n'approuve pas une telle attitude. «Où se trouve donc la maison d'Arthur? demande-t-elle. Tout le monde a le droit de se sentir à l'aise et compétent chez soi, pas seulement les adultes. Les enfants ne restent pas petits longtemps, mais pendant cette courte période, leurs besoins ont la préséance.»

Les tout-petits ont-ils vraiment *besoin* de tout toucher? «Il n'est pas exagéré de dire que c'est leur travail, dit Cathy Lynn. Ils apprennent en touchant, en goûtant et en manipulant les choses, et non en étant prudents. Pour bien se développer, il leur faut un milieu qui leur offre toutes les occasions possibles d'explorer le monde en sécurité.»

Une maison adaptée aux enfants leur permet des explorations au-delà de leur boîte à jouets. «J'aime voir des affiches accrochées très bas, au niveau des yeux d'un tout-petit», dit-elle. (Un bon pelliculage les rendra presque indestructibles.) Il devrait y avoir aussi, à sa portée, des armoires ou des tiroirs contenant des bols ou autres objets de plastique et des livres qu'il a le droit de manipuler et de découvrir.

Cathy Lynn propose d'autres aspects intéressants pour un environnement convenant aux enfants:

La maison est complètement adaptée, pour la sécurité du tout-petit et afin d'éviter qu'il soit toujours tenté par des objets et des endroits défendus. (Il ne peut bien sûr avoir libre accès à votre bureau ou atelier, mais les principales pièces lui sont accessibles.)

Ses jouets et ses vêtements sont à sa portée et il peut les ranger facilement aussi. Chacune de ses choses a sa place, et il sait où trouver ce qu'il veut.

Les activités salissantes sont permises de temps à autre, et il y a un endroit (le carrelage de la cuisine?) où il peut les faire sans laisser de taches indélébiles.

Son milieu a été modifié pour l'aider à bien fonctionner: un petit escabeau dans la salle de bains pour qu'il puisse se laver, un petit pot à proximité pour qu'il s'y rende «à temps», des aliments qui se mangent avec les doigts, etc.

Comme l'ont appris Jean et Christine, il est très difficile d'enseigner aux tout-petits le respect de la propriété. A un an, ils ne sont pas assez avancés pour toujours faire la distinction entre les objets auxquels il est permis de toucher et ceux qui sont défendus. «C'est comme si on essaie d'entraîner un bébé à la propreté parce qu'il devra s'y mettre tôt ou tard, explique Cathy Lynn. Ça ne fait qu'allonger le processus et le rendre désagréable pour tous.»

Bien sûr, vous ne pouvez éliminer tous les dangers du milieu de votre enfant, et éventuellement, il devra apprendre à respecter les limites. Ce que vous dites à votre tout-petit en restreignant son exploration démarre le processus d'apprentissage. «Même dans une maison bien adaptée aux petits, il faut souvent "réorienter" les jeunes enfants, dit Cathy Lynn. On peut à la fois leur apprendre et les distraire avec des mots comme "Ce n'est pas un jouet" (en lui enlevant un objet) ou "Voici un jouet pour toi" (en lui offrant un autre objet). Nous pouvons aussi leur enseigner des mots synonymes de danger: "C'est chaud! Ça fait mal si tu y touches." "Les couteaux sont dangereux, il peuvent te blesser." Le petit d'un an qui murmure "ho!" en s'approchant du four chaud saura à trois ans l'éviter automatiquement quand vous en ouvrirez la porte.»

Cependant, on ne peut tenir pour acquis que des enfants aussi jeunes obéiront aux règles de façon constante. Même un tout-petit de deux ans, qui peut très bien expliquer pourquoi il ne doit pas toucher au grille-pain, cédera parfois à l'impulsion d'y insérer une cuillère. «Dès qu'ils

«Je rangeais le linge en haut pendant que mon petit de deux ans jouait dans le salon, se rappelle Suzanne Durocher. Je l'ai laissé seul dix minutes au maximum. A mon retour, il était parti, mais en laissant des traces. Il avait tiré une chaise contre le mur et grimpé pour prendre mon sac à main. Il a réussi à l'ouvrir, à trouver mes clés et à sortir par la porte de devant. Je l'ai trouvé dans la voiture, en train d'essayer d'insérer la clé de contact! Je n'aurais jamais cru qu'il puisse faire tout ça!»

sont capables de se déplacer, on doit les surveiller de près, conclut Cathy Lynn. C'est aussi simple que cela.»

trucs & conseils

Complainte de votre aîné: «Il casse mes affaires!»

«C'est merveilleux que mon aîné de quatre ans ait si bien accepté le nouveau bébé, se rappelle Sabine Valenti. Il était si tendre et si protecteur, jusqu'à ce que la petite soit en âge de marcher!»

C'est un fait très courant. Juste au moment où votre aîné est au stade où il veut que ses dessins, ses constructions et ses trésors soient préservés pour l'éternité, votre bébé est à celui où il veut renverser, déchirer, écraser ou manger tout ce qui lui tombe sous la main.

Vous demandez bien sûr à votre aîné d'être tolérant, en lui expliquant que le petit ne comprend pas, et protégez celui-ci des foudres du plus grand. Mais essayez de protéger l'aîné aussi. Ses dernières peintures sont aussi précieuses pour lui que votre plus beau vase de cristal, et il oublie souvent de les mettre hors de portée. Comment prévenir les drames?

- La porte du frigo n'est plus un endroit d'exposition sûr. Accrochez plutôt les «œuvres» des enfants sur un tableau d'affichage placé assez haut ou sur la partie supérieure des fenêtres.
- Si l'aîné a sa propre chambre, vous pourriez en interdire l'accès au tout-petit, sauf si un adulte le surveille. Encouragez-le aussi à fermer sa porte si nécessaire, puis distrayez le petit quand il hurle parce qu'il ne peut entrer. Si les deux enfants partagent la même chambre, installez

des étagères élevées sur le mur ou d'autres dans l'armoire, en rappelant à votre aîné de garder la porte fermée.
- Donnez à l'aîné une «boîte aux trésors» à l'épreuve du plus jeune (peut-être munie d'un cadenas), où il rangera ses petits objets précieux.
- Trouvez des manières d'inclure votre tout-petit dans les jeux de famille. Mais consacrez aussi du temps seul à seul avec votre aîné.

trucs & conseils

Tout-petits en visite, attention!

Faire des visites en compagnie d'un jeune enfant turbulent représente tout un défi. Cathy Lynn offre quelques suggestions pour protéger votre enfant et ce «milieu étranger».
- Evitez la faim, la fatigue et l'énergie réprimée, des facteurs qui contribuent à des moments pénibles chez les enfants (et les adultes!). Un enfant actif risque moins de tout démolir chez sa mamie si vous l'amenez jouer au parc avant.
- Si possible, demandez à votre hôte si vous pouvez mettre hors de portée les objets les plus délicats, tentants et dangereux.
- Apportez des jouets et des activités pour votre petit.
- Surveillez votre tout-petit de près, même si vous préféreriez vous consacrer entièrement à la conversation.
- Ne restez pas trop longtemps.

le saviez-vous?

Le petit kamikaze

Les tout-petits doivent tous explorer et toucher sans cesse. Mais chez certains, ce besoin semble implacable. Avant leur deuxième anniversaire, ces enfants déterminés, persistants et très curieux grimpent dans les bibliothèques du salon (fixez-les au mur!), découvrent comment ouvrir les placards à l'épreuve des enfants (dissimulez vos médicaments!) et savent que les choses les plus *intéressantes* de la maison sont sur les étagères et les tablettes («Soulève-moi, dit l'un d'eux, je veux voir ce que je peux prendre...»). Leurs parents deviennent vite des experts de la sécurité et vivent durant ces deux années périlleuses dans des maisons ressemblant à des navires prêts pour la tempête.

Qu'est-ce qui pousse les tout-petits à explorer leur monde avec une telle intensité? Pourquoi certains se contentent-ils (la plupart du temps) de le faire dans les limites imposées par leurs parents, alors que d'autres repoussent constamment ces limites? «On pensait auparavant que tous les enfants naissent à peu près égaux, et que leur personnalité se développait sous l'effet du milieu dans lequel ils vivaient, affirme le professeur Sue Martin, spécialiste du développement des jeunes enfants. Mais on se rend compte maintenant qu'ils sont de petits individus complexes dès la naissance, chacun avec son propre tempérament.» Et les recherches démontrent que ce tempérament ne changera généralement pas, même à l'âge adulte. Le développement de la personnalité des enfants sera, bien sûr, affecté par leur expérience personnelle, mais les traits de base de leur personnalité demeureront inchangés.

Donc ce ne sont pas vos actions qui ont changé votre mignon bébé en petite terreur. C'est plutôt son propre caractère qui est responsable. Restera-t-il toujours ainsi toutefois? Avant de sombrer dans la panique, rappelez-vous que ces traits de caractère prennent un aspect très différent chez un enfant plus âgé ou un adulte. Votre petit kamikaze est bien décidé à explorer et à comprendre le monde à sa manière. Il manque encore de jugement et d'expérience pour le faire en toute sécurité, mais c'est tout de même admirable. La persistance, l'autodétermination et la curiosité sont des qualités indispensables à ceux qui ont de grandes aspirations. A mesure que votre enfant deviendra plus raisonnable, vous serez content qu'il possède ces traits de caractère. En attendant, armez-vous de patience et de prudence!

Le retour de la crèche
des retrouvailles difficiles

Le temps vous a semblé long au travail, d'autant plus que votre petit vous a manqué. Mais bientôt vous vous retrouverez, et quelle joie ce sera! Des visions d'une charmante soirée vous viennent à l'esprit: un gros baiser à votre arrivée à la crèche, un babillage amusant dans la voiture, puis un bon repas à la maison. Un très joli rêve, bien sûr... et qui pourrait même se réaliser. Mais vos retrouvailles à la crèche ressembleront peut-être davantage aux exemples vécus suivants:

Diane entre dans le jardin de la crèche de sa fille Sarah et regarde celle-ci creuser avec joie dans le sable. Se tournant pour montrer à sa gardienne ce qu'elle a trouvé, la petite aperçoit sa maman. Mais au lieu du sourire de bienvenue espéré, son visage se plisse et elle se met à pleurer. Elle se précipite vers sa mère, grimpe dans ses bras et se blottit contre elle. «Bizarre, remarque l'éducatrice. Elle a pourtant eu une très bonne journée aujourd'hui.»

Quand Odile arrive à la crèche, son fils Jonathan conduit un gros camion de plastique. «Coucou, Jonathan!» lance-t-elle. Il lui jette un regard, puis retourne à son occupation. Sa maman se penche et le prend dans ses bras, mais le pied du petit s'accroche au camion. Prise avec l'enfant et le camion dans les bras, Odile ne sait trop que faire. Elle est incapable de dégager le pied de Jonathan. Il faudra qu'elle combine ses efforts à ceux d'une éducatrice pour finalement y parvenir. Quand la mère et l'enfant finissent par sortir de la crèche, Odile est très embarrassée et Jonathan est furieux.

Quand Philippe vient chercher Fabrice, il le trouve tout habillé et prêt à partir. Mais il est incapable d'effectuer un départ rapide avec son fils. Fabrice abandonne son sac, lance ses bottes et retire ses gants. «J'ai chaud! J'en veux pas!» Il en résulte une frénésie pour tout ramasser et un combat pour rhabiller le tout-petit, qui sort finalement en chaussettes et porté par son père. Dans la voiture, une discussion éclate au sujet de la peinture encore humide que Fabrice insiste pour serrer contre lui. De retour à la maison, d'autres conflits «insignifiants» épuisent et démoralisent Philippe. Pourquoi Fabrice est-il si coopératif avec le personnel de la crèche mais si difficile avec son papa?

Tout d'abord, explique la puéricultrice Marguerite Townrow, il est bon de savoir que «presque tous les enfants éprouvent des problèmes de "rentrée" à un moment ou l'autre». Son expérience de coordonnatrice d'associations familiales l'a familiarisée avec des «tout-petits qui ont souvent de la difficulté à faire face aux transitions, dit-elle. Quand ils sont épuisés à la fin de la journée, ils "perdent les pédales" facilement. J'en ai vu qui crient, se battent et donnent des coups de pied à l'heure du départ. Alors que d'autres, par contre, deviennent mous et passifs, comme s'ils disaient: "J'ai été très autonome toute la journée, mais je n'en peux plus!"»

Comme l'explique Alicia Lieberman dans son livre, *La vie émotionnelle du tout-petit*, «les tout-petits n'expriment pas leur joie quand on vient les chercher à la fin de la journée. S'ils sont en train de jouer, ils se disent peut-être que leurs parents peuvent bien les attendre pour une fois. Ou ils sont en colère à cause de la séparation et le montrent en étant distants ou agressifs. Ils éprouvent peut-être des émotions intenses (positives ou négatives) et essaient d'y faire face en gardant leurs distances jusqu'à ce qu'ils puissent accueillir leur papa ou leur maman chaleureusement.»

Normale ou non, une telle réaction n'est pas amusante pour les parents. Marguerite Townrow leur offre quelques suggestions pour alléger ces retrouvailles difficiles:

Adopter une routine. «Si les parents arrivent toujours plus ou moins à la même heure en fin de journée, les enfants savent quand les attendre et ça facilite les choses, dit Marguerite. S'il y a un retard, c'est une bonne idée de téléphoner à la crèche pour que l'enfant soit averti et préparé pour leur arrivée.»

Ralentir les activités. Dans la plupart des crèches, des activités moins intenses sont proposées à la fin de la journée, pour que les enfants soient moins excités à l'arrivée des parents. Une autre bonne stratégie (quand le temps le permet) est de les amener dehors à ce moment-là, ce qui éliminera une étape de leur préparation au départ quand les parents arriveront.

Saluer son enfant en premier. «Parfois, les parents viennent tout de suite me parler en arrivant, dit Marguerite, ce qui provoque une crise de jalousie chez les enfants.» Même si votre tout-petit vous ignore, faites-lui savoir clairement que c'est lui qui est le plus important pour vous.

Amener un goûter pour le retour. Le trajet sera plus agréable si votre enfant (et même vous?) peut grignoter un petit goûter nutritif. En arrivant à la maison, prenez quelques instants pour lui lire une histoire ou jouer avec lui avant de vous lancer dans les préparatifs du repas.

Enfin, il est très important de ne pas trop se laisser influencer par les hauts et les bas de votre tout-petit. Il est trop facile de penser, comme le disait une mère, «qu'il fait ça pour me punir de l'avoir laissé». La plupart des enfants, à tout âge, semblent garder leurs émotions les plus intenses pour leurs parents. Même les tout-petits essaient de «faire les grands» à la crèche. Ils jouent, rient et pleurent, mais peut-être pas avec autant d'abandon qu'à la maison. Dans *Points forts*, le pédiatre T. Berry Brazelton l'explique ainsi: «Ils emmagasinent leurs réactions fortes pour les retrouvailles à la fin de la journée.» Durant toute la vie des enfants, leurs comportements plus extrêmes et plus difficiles sont souvent dirigés vers leurs parents. Ce n'est pas parce que nous ne sommes pas capables de bien élever nos enfants, mais plutôt parce que dans une famille saine, les parents constituent le «refuge» où les enfants peuvent se détendre, régresser et exprimer leurs émotions les plus terrifiantes.

Ce n'est pas parce qu'il vous déteste que votre enfant agit ainsi. En fait, il se comporte probablement de cette façon parce qu'il vous *aime* beaucoup. Accrochez-vous à cette idée, en attendant que le temps change les choses. A mesure que votre tout-petit progresse à travers cette période de turbulence et qu'il ne craint plus autant d'être abandonné par ses parents, les séparations et les retrouvailles deviendront plus faciles.

La famille s'agrandit

accepter un nouveau bébé

Au très jeune âge de 18 mois, Thomas devient un grand frère à la naissance du petit Félix. Ce n'est pas tout à fait un choc pour lui. Ses parents lui ont déjà parlé du bébé qui grandissait dans le ventre de sa maman et lui ont permis d'y toucher. Mais comme le dit sa mère, Elisabeth Van Luven: «A cet âge, on ne peut pas tout expliquer à un enfant. C'est à peine s'il parle.»

L'arrivée d'un nouveau bébé dans la famille est-elle traumatisante pour un tout-petit? Les parents qui ont des attentes réalistes et tentent d'adoucir le choc sont souvent agréablement surpris de constater que leur enfant plus vieux accepte bien le nouveau-né. «Il a tout de suite foncé et s'est très bien débrouillé, dit Elisabeth dont les fils ont maintenant sept et vingt-cinq mois. Il ne se rappelle plus d'avoir jamais vécu sans Félix.»

Anne Lemire, dont les trois enfants (Julie, Steve et Eric) sont nés chacun à intervalles de dix-neuf mois, croit aussi que, souvent, on ne peut pas faire grand-chose pour préparer l'enfant plus vieux. «Avec Julie, dit-elle, c'était différent: elle parlait déjà. On a lu ensemble une histoire sur les nouveaux bébés et elle a appris à dire, peut-être sans trop y croire: "Le bébé est dans le ventre de Maman." On pouvait lui expliquer à quoi ressemble un bébé et comment s'en occuper. Mais Steve, lui, ne voulait même pas rester assis pour lire un livre. L'arrivée d'Eric a été un choc pour lui.»

Anne pense que le pire pour ses enfants a été d'être séparés d'elle pendant son séjour à l'hôpital. «C'était très difficile pour eux, les deux fois.»

Pour Elisabeth, le problème était différent. Elle n'est partie que quelques heures, et Thomas n'a quasiment pas eu le temps de souffrir de son absence. Mais en plus du nouveau bébé, elle devait aussi s'occuper d'un tout-petit très actif le lendemain même de la naissance. «Ce jour-là quand j'ai allaité Félix, Thomas voulait téter lui aussi. Puis ma mère est venue et l'a amené jouer dehors, juste ce qu'il lui fallait.»

En fait, la plupart des parents croient que la principale adaptation pour l'enfant plus âgé est de s'habituer à partager l'attention de sa maman. C'est une très bonne idée de demander au papa et aux autres intimes de la famille de s'occuper un peu plus de l'aîné à ce moment-là. On peut lui offrir des cadeaux, à lui aussi. Car, même à un an, un enfant aussi jeune se rendra compte de l'arrivée de nombreux cadeaux, dont aucun ne lui est destiné. Pour la naissance de son cadet, Anne a acheté des cadeaux «d'anniversaire» pour ses aînés en leur disant qu'ils venaient du bébé.

«On a toujours pris le parti de dire que c'était leur bébé à eux aussi, dit-elle. Les tout-petits ont une véritable fascination pour les bébés; sentiment que nous avons encouragé en leur montrant comment le caresser doucement.» La spécialiste du développement de l'enfant Penelope Leach conseille aux parents de cultiver cet intérêt en faisant sentir à l'aîné que le nouveau-né l'aime bien. Montrez-lui que le bébé lui sourit beaucoup ou qu'il s'arrête de pleurer quand le tout-petit le berce. Et surtout, soyez diplomate envers ses tentatives maladroites!

Les deux familles ont découvert qu'une routine régulière est encore plus importante avec deux jeunes enfants (ou plus). Cela facilite la vie pour les parents, et procure aux petits un sentiment de sécurité parmi tous ces changements. «Suivre une routine quotidienne est la chose la plus intelligente que j'ai faite, dit Elisabeth. Par exemple, on se repose pendant une heure chaque après-midi. Thomas ne dort pas toujours, mais c'est un moment de détente pour nous tous.»

Elle est aussi très contente d'avoir acheté un second lit de bébé plutôt que de faire dormir Thomas tout de suite dans un grand lit. «On l'a toujours mis au lit encore éveillé, et il s'endort par lui-même. Cette habitude est plus facile à conserver s'il ne peut pas sortir de son lit tout seul.» Penelope Leach suggère d'introduire, bien avant la naissance du nouveau bébé, tous les changements dans la vie de l'enfant qui surgissent à cause du bébé. S'il doit céder son lit de bébé, essayez de l'installer dans son nouveau lit deux mois à l'avance. Si vous l'allaitez encore et ne désirez pas allaiter deux enfants (ce qui peut se faire, si vous le voulez), sevrez le tout-petit pendant votre grossesse pour qu'il ne pense pas que le bébé lui a volé *ses* seins.

S'occuper de deux bébés peut être très difficile, mais Anne remarque que ses enfants plus âgés semblent plus autonomes que plusieurs autres du même âge. «Ils comprennent très vite, dit-elle, que s'ils veulent aller jouer dehors pendant que j'allaite le bébé, l'attente sera moins longue s'ils commencent à s'habiller tout seuls.»

Penelope Leach recommande toutefois de ne pas vous attendre à un comportement trop mature chez les tout-petits: «Nous avons tendance à vouloir qu'ils agissent comme des enfants plus âgés.» Elisabeth pense la même chose: «Il faut constamment que je me répète que Thomas est encore un bébé lui aussi.» A côté du nouveau-né, votre jeune enfant semble énorme et votre patience à l'égard de son comportement anarchique peut s'épuiser rapidement. A ce sujet, l'auteur Joe-Ann Benoît fait une mise en garde (dans «Bébé arrive à la maison»): «Vous venez d'avoir un deuxième ou un troisième enfant adorable et vous êtes tout à la joie. Mais voilà que l'aîné réagit mal, devient insupportable, agaçant, agressif envers le bébé... Ou alors, il recommence à faire pipi au lit, exige d'être nourri à la petite cuillère, se met à parler "bébé", refuse soudain de s'habiller seul ou suce son pouce. Tous ces comportements régressifs – habituellement passagers – traduisent de la détresse affective et de la difficulté à s'adapter à la nouvelle situation. Il ne faut pas en vouloir à l'enfant, car il s'agit d'une réaction normale. Elle traduit deux besoins impérieux: celui d'être rassuré et sécurisé sur l'amour que vous lui portez et celui d'extérioriser sa colère et ses sentiments agressifs.» Essayez de réagir positivement à cette demande d'amour et d'attention.

Avoir deux bébés entraîne bien sûr beaucoup plus de travail pour les parents, dans l'immédiat en tout cas. «C'est vraiment très dur les premiers jours, confie Anne. Attendez-vous à être épuisé.» S'occuper des deux et sortir avec eux quand l'autre parent est absent est particulièrement éprouvant. Mais les deux mamans s'amusent aussi beaucoup avec leurs petits. «Ce sont des périodes absolument fabuleuses, dit Anne, dont je garderai toujours le souvenir.» Elisabeth est du même avis: «C'est la meilleure occupation que j'ai jamais eue! Mes deux enfants sont très heureux. Et le plaisir ne fait que commencer...»

le saviez-vous?

L'intervalle entre les naissances dans la famille

Il existe de nombreuses théories sur l'intervalle de temps idéal entre deux naissances dans une famille. Certains bébés naissent dix mois après leur aîné, alors que d'autres arrivent dix ans plus tard. Les parents ne contrôlent pas toujours le moment de la naissance de leurs enfants!

Comment l'intervalle de temps plus ou moins rapproché entre les enfants affecte-t-il ceux-ci? Tout dépend de l'impact qu'il a sur les parents, dit le pédiatre T. Berry Brazelton. Dans *L'âge des premiers pas*, il écrit: «Je suis convaincu que l'intervalle entre les enfants n'a pas grande importance pour ceux-ci, mais cela en a beaucoup pour les parents... S'ils peuvent tolérer la pression de chaque nouveau bébé et se garder de l'énergie pour s'occuper des autres petits, tous leurs enfants se développeront très bien.»

Cent fois sur le métier...

répétitions et persévérance

Enfin l'heure du coucher, votre enfant est fatigué et se frotte les yeux. Vous prenez trois ou quatre livres et lui demandez lequel il aimerait lire ce soir. «Celui avec les vaches, peut-être? Tu as bien aimé les vaches dimanche...» Mais aucun ne lui plaît; il croise les bras et annonce résolument: «Je veux *Le petit chaperon rouge*!»

Le petit chaperon rouge est un très beau conte bien sûr, mais vous l'avez déjà lu cinq soirs de suite et vous en avez assez. Vraiment assez! Pourquoi les tout-petits veulent-ils toujours entendre la même histoire des centaines de fois?

Marie-Pierre Multani, dont le fils Antoine a deux ans, dit: «Il faut toujours lui lire et relire le même livre. Et aussi jouer et rejouer au même jeu... empiler les cubes et détruire la construction, encore et encore...»

Plusieurs parents se demandent quel est l'intérêt d'un tel manège. Patricia Tretiack, directrice de crèche, explique que «les tout-petits refont souvent les mêmes choses parce que c'est nécessaire. Ils répètent leurs actions afin de se perfectionner. C'est leur façon d'apprendre.»

Patricia se souvient que son fils insistait pour qu'elle arrête la poussette chaque fois qu'ils croisaient quelqu'un en train d'utiliser une tondeuse à gazon. Il voulait observer ces incroyables machines pour en comprendre le fonctionnement et se fâchait si sa maman ne s'arrêtait pas. Il est éventuellement arrivé à percer ce mystère fascinant et consent maintenant à se promener sans s'arrêter à chaque tondeuse.

«Vous ne pouvez évidemment pas toujours dire oui, parce que les enfants ont besoin d'apprendre les limites, dit Patricia. Mais ils sont à un stade de leur développement où il est important de leur permettre autant que possible ce processus d'apprentissage répétitif.»

Si la passion de votre enfant pour la répétition vous rend fou, Patricia vous suggère de tenter de le distraire et de détourner son attention. Puisque les tout-petits sont en général très curieux, un nouveau jeu (ou conte) intéressant pourrait bien les attirer. Mais pas toujours, parce que la persistance est une autre caractéristique typique des tout-petits. «Certains enfants, explique Patricia, sont plus persistants que d'autres. Cela fait partie de leur personnalité innée. Ils ne cèdent pas et n'abandonnent pas non plus.»

Prenons l'exemple d'Evan, le fils de deux ans de Lorraine Blanc. Un jour, ce petit garçon décide de remplir la bouillotte d'eau chaude. Sa maman lui explique que c'est trop dangereux parce qu'il pourrait se brûler. Puis elle range la bouillotte hors de portée. Evan semble comprendre et part jouer avec son camion. Lorraine se dit que la question est réglée. Mais quelques minutes plus tard, elle l'aperçoit debout sur son camion tentant d'atteindre la bouillotte. Elle lui enlève le camion et lui offre d'autres jouets, puis retourne à son travail. Peu après, Evan traîne une chaise jusqu'à l'étagère où se trouve la bouillotte. «Quand il veut quelque chose, dit-elle en riant, il le veut vraiment!»

La persistance des tout-petits, si éprouvante soit-elle pour les parents, est due aux nouvelles capacités de leur mémoire. Le principe «loin des yeux, loin du cœur» qui fonctionnait si bien quand ils étaient bébés ne fonctionne plus du tout maintenant.

Marie-Pierre en a fait l'expérience quand son fils Antoine s'est épris, pendant les vacances, d'un gros camion jaune. Marie-Pierre a dû le lui refuser, parce qu'il était impossible de ramener ce véhicule à la maison. Elle a essayé de distraire son fils en lui offrant d'autres jouets moins gros, mais rien ne l'intéressait. «Veut camion jaune!» répétait-il.

Finalement, Marie-Pierre a dû retourner à l'hôtel avec son fils en pleurs dans ses bras. Antoine a parlé de «son» camion jaune durant le reste des vacances et le voyage de retour en avion. Quelques semaines plus tard, Antoine et sa sœur Jasmine jouaient ensemble pendant que Marie-Pierre et son mari discutaient un peu plus loin à voix basse d'un cadeau qu'ils allaient acheter à Jasmine. Tout de suite, Antoine s'est approché et a dit: «Un jouet pour Antoine? Un camion jaune?»

Marie-Pierre était étonnée qu'il se rappelle encore du camion jaune. «Je me suis même demandée, dit-elle en riant, s'il ne valait pas la peine de se faire expédier le fameux camion, puisque c'était si important pour lui.»

Parfois, cependant, la persistance d'un tout-petit est incontournable. Un jour qu'une de nos amies nous rendait visite, sa fille Léa (18 mois) se montra fascinée par l'escalier qui montait à l'étage. Tous nos efforts pour l'éloigner de cet endroit «dangereux» ont échoué: elle y revenait sans cesse. La barrière installée au bas de l'escalier ne l'arrêtait même pas, et elle essayait de l'escalader pour pouvoir ensuite gravir les marches. Nous avons finalement décidé de tous nous asseoir dans l'escalier plutôt que dans le salon. Et pendant que nous causions, nous avons aidé la petite Léa à réussir la montée de l'escalier.

«Soyez tolérant quand c'est possible, conseille Patricia. Rappelez-vous que tout cela fait partie de la quête d'indépendance de votre tout-petit.» Et soyez patient aussi. La même persistance qui peut être si éprouvante maintenant constituera un grand avantage pour votre enfant quand il sera plus grand.

Le saviez-vous?

Des routines rassurantes

Chaque jour, Nathalie (deux ans) s'éveille très tôt et ses parents l'amènent alors dans leur lit. Quand c'est le temps de se lever, elle prend les lunettes sur la table de nuit et les tend à sa mère, Ariane. Un matin, Ariane doit se lever en vitesse: elle saute hors du lit, attrape ses lunettes et sort en courant. «Nathalie a fondu en larmes, dit Ariane. Elle avait vraiment beaucoup de peine. Car, pour elle, le petit rituel des lunettes était très important et représentait la normalité.»

La passion des tout-petits pour la répétition ne se limite pas à leurs jeux: plusieurs semblent raffoler des routines et rituels quotidiens. Sans être trop rigide ou esclave des horaires, incluez quelques habitudes répétées régulièrement qui aideront votre enfant à garder son équilibre. Les routines sont spécialement utiles pour faire face à des transitions comme le départ des parents de la crèche, le coucher pour la sieste ou la nuit, et l'heure des repas. Qu'il s'agisse de lire trois histoires le soir, d'échanger un «baiser-étreinte-et-caresse» ou de remettre les lunettes à maman chaque matin, les routines que vous instaurez peuvent devenir les rituels auxquels s'accroche votre enfant.

Pourquoi est-ce si important? Pour les jeunes enfants, le monde qui les entoure est difficile à comprendre. Mais les événements qui se produisent chaque jour plus ou moins de la même façon et à la même heure leur deviennent familiers et les aident à prévoir.

Les sorties
la découverte du monde

Après avoir rassemblé toutes nos chroniques sur les diverses sorties et excursions avec les tout-petits, nous avons dégagé deux règles essentielles:

1) **Toujours bien planifier.**
2) **Dénicher et fréquenter des médecins, restaurants, coiffeurs, magasins, etc. sympathiques aux enfants.**

C'est aussi simple que cela. Chronométrez vos sorties pour éviter les périodes de fatigue et de faim de votre tout-petit, ne partez pas trop longtemps, emportez des fournitures pour les urgences (goûters, vêtements, distractions) et évitez les endroits où les enfants ne sont pas bienvenus. Pour plus de détails, continuez à lire...

Les magasins

Quand on fait des courses avec un tout-petit, le succès ou la catastrophe ne sont qu'une question de pure chance. Votre enfant peut, par exemple, s'entêter à tenir le paquet de poulet tout dégoulinant et se mettre à hurler quand vous le lui enlevez. Ou la personne devant vous à la caisse commence une longue discussion avec la caissière, ce qui épuise la patience de votre tout-petit. Il vous est impossible d'éviter de telles malchances. Mais heureusement, il existe des moyens d'augmenter vos chances de faire une sortie agréable.

Le vendredi matin, c'est jour de courses pour la famille Girard. Mélanie Girard a congé ce jour-là et préfère éviter les foules du samedi au supermarché. Avec ses deux fils, Mathieu (quatre ans) et Bernard (deux ans), elle a une routine pour accomplir cette tâche, et tout se passe habituellement très bien.

«On passe d'abord à la bibliothèque, dit-elle, et les deux garçons peuvent amener chacun un livre au supermarché. On va toujours au même magasin, alors ils savent ce qui les attend. On compte les rangées: à dix, on a terminé. Dans chacune, je leur dis ce qu'ils peuvent prendre. Par exemple: "Dans la rangée des céréales, les gars, vous pouvez en choisir chacun une boîte."»

Mélanie contourne le problème des longues attentes à la caisse en trouvant une activité pour les petits. «J'emmène des jus de fruits et des goûters, dit-elle, ou je leur ouvre une boîte de biscuits que j'achète. Ou c'est le moment de lire leurs nouveaux livres. Parfois il y a des objets incassables à la caisse, comme de petits dinosaures en plastique, et je leur permets de les "emprunter" pendant qu'on attend. Mais je n'achète jamais rien à l'étalage de la caisse. Ils ne réclament donc pas de friandises, parce que je n'en prends jamais.»

Jean Papineau, père de trois enfants, est à la maison presque toute la journée et a un horaire plus flexible. Il fait les achats pour sa famille accompagné de sa petite Manon. «Je fais les courses plusieurs fois par semaine, dit-il, pour que ce ne soit jamais très long chaque fois. Comme ça, c'est une sortie et non un test d'endurance. D'habitude, on s'amuse bien. Au supermarché, on discute de ce qu'on achète. Manon aime bien tenir la liste, et à la caisse, elle monte dans le chariot et m'aide à décharger. Et c'est elle qui remet l'argent à la caissière.»

Manon est une petite fille active qui n'aime pas être confinée dans sa poussette trop longtemps. «Au centre commercial, ça va mieux si on n'est pas pressés, explique Jean. Elle aime bien déambuler devant les boutiques et s'asseoir sur chaque banc qu'on rencontre. Alors, c'est ce qu'on fait. Ça ne prend pas tellement plus de temps. On monte dans l'escalier mécanique si elle en a envie, on observe les animaux à l'animalerie ou on s'arrête boire un peu d'eau.»

«Pour réussir ses courses avec les enfants, il ne faut pas être trop exigeant avec eux, ajoute Jean. Si votre petit n'aime pas rester longtemps dans sa poussette, alors il faut trouver d'autres façons de rendre l'expédition agréable. Sinon, ne l'emmenez pas. Vous devez savoir ce que l'enfant peut supporter et ne pas le dépasser.»

Les restaurants

D'abord et avant tout, soyez réaliste: si vous désirez un long repas tranquille et romantique dans un excellent restaurant, engagez une gardienne et laissez votre tout-petit à la maison. Cela veut-il dire qu'on ne devrait pas amener les jeunes enfants au restaurant? Pas du tout. Avec un peu de planification (d'abord, choisir le bon endroit et le bon moment), cela peut être une expérience amusante de manger avec votre enfant dans un endroit différent.

La rapidité, mais pas trop. Choisissez un restaurant où le service est rapide, mais si possible de meilleure qualité que ceux des chaînes de restauration rapide où vous devez faire la queue et transporter les plateaux de nourriture. Avec un tout-petit, ce n'est pas pratique. Un restaurant familial au menu simple et où on est servi à la table convient beaucoup mieux. Plusieurs d'entre eux offrent des menus pour enfants et de petits jouets, mais c'est surtout l'attitude des employés qui compte. Vous serez parfois agréablement surpris de constater combien certains d'entre eux peuvent être accommodants et gentils!

Sortez tôt. Prévoyez suffisamment de temps pour éviter la faim «intenable» de votre tout-petit. S'il a l'habitude de manger à dix-huit heures, prévoyez d'arriver au restaurant une demi-heure avant (ou donnez-lui son repas à la maison et sortez plus tard au restaurant, où il prendra un «goûter du coucher»). Et vous serez servis plus vite si vous arrivez avant «l'heure de pointe» au restaurant.

Asseyez-vous confortablement. Asseyez votre enfant dans une chaise haute plutôt que sur un petit siège posé sur une chaise. Ou alors placez celui-ci sur une banquette entre le mur et vous, pour qu'il ait moins de risque de se renverser quand votre petit y sera assis.

Un peu d'action. Essayez de minimiser le temps où votre tout-petit doit rester assis. Emmenez-le en «promenade» avant l'arrivée de la nourriture ou allez aux toilettes entre les différents services. La fille de Danielle Frappier, Myriam, aime bien se rendre au comptoir de salades, alors elle y va plusieurs fois, ne prenant que très peu de nourriture à la fois. Amenez aussi quelques livres ou jouets pour les longues attentes.

Apportez un goûter. On va au restaurant, bien sûr, pour *manger*. Mais si le service est lent ou que votre tout-petit n'aime pas ce qu'on lui sert, un goûter familier pourrait bien sauver la soirée. Ou trouvez un restaurant qui offre quelque chose à grignoter «en attendant». Danielle et Myriam aiment bien les *biscuits d'apéritif*, servis au restaurant italien de leur quartier.

N'oubliez rien. La spontanéité, c'est merveilleux. Mais une couche sale sans rechange ne l'est pas du tout. Amenez aussi une serviette-bavoir, une lingette à débarbouiller, des vêtements supplémentaires et, peut-être, un gobelet à bec. C'est désagréable de rester assis une heure, avec du jus d'orange qui dégouline sur son ventre!

Faites les bons choix. Ce n'est pas le moment idéal de faire essayer des plats exotiques à votre tout-petit. Commandez-lui des plats familiers qu'il aime bien. Plusieurs parents partagent simplement le contenu de leur propre assiette avec leur enfant. (Dans ce cas, ne mangez rien d'exotique ou de nouveau, vous non plus.)

Que faire si, malgré une soigneuse planification, la sortie au restaurant tourne à la catastrophe? La solution est peut-être de partir tout de suite ou de trouver une diversion (si on donne des ballons à la fin du repas, demandez les vôtres maintenant). Si votre tout-petit a fini de manger et vous pas, demandez qu'on vous emballe les restes pour finir le repas à la maison. Meilleure chance la prochaine fois!

Les visites chez le médecin

Comme les temps changent! Mon mignon deuxième bébé, qui charmait tout le monde dans le bureau du pédiatre, a maintenant 18 mois et n'est plus du tout accommodant. Il fixe son regard avec défiance sur l'infirmière, qui essaie de le peser et qui doit éventuellement se résoudre à nous peser ensemble tous les deux et à soustraire mon poids du total. Il se démène pour empêcher qu'on enlève sa chemise, lui qui est un vrai nudiste à la maison! Il est effrayé par le froissement du papier sur la table d'examen et se met à hurler quand le médecin examine ses oreilles. Tout ça avant même de recevoir son vaccin!

Romain n'a pas connu d'expérience médicale traumatisante. Alors, d'où vient cette nouvelle attitude? Le docteur Judith Armstrong, médecin de famille et mère de trois enfants, confirme que le stade entre un et deux ans est un «âge difficile» pour les visites chez le médecin. «Ne vous inquiétez pas, dit-elle, ça va s'améliorer!»

Vers un an, les bébés sont devenus des individus très éveillés, avec une saine méfiance des étrangers et une bonne conscience de leur corps. Et dans l'année qui suit, ils reçoivent plusieurs vaccins dont ils se rappelleront souvent d'une visite à l'autre. Leur résistance est donc compréhensible.

Que peuvent faire les parents et les médecins, pour aider les tout-petits à mieux supporter les examens médicaux périodiques?

Le Dr Armstrong utilise plusieurs stratégies pour rendre les examens aussi agréables que possible pour les enfants. «D'abord pour rendre ma salle d'examen plus accueillante, j'y accroche un mobile amusant et d'autres décorations. Puis je parle toujours à l'enfant, de préférence à sa hauteur. Je lui explique ce qui va se passer et je lui fais aussi des remarques sur ses vêtements ou sur la façon dont il est venu ici. Je préfère que le petit reste sur les genoux du parent. C'est plus rassurant pour lui que de s'asseoir seul sur la table.»

Le médecin prend aussi le temps d'expliquer la procédure à l'enfant: «Je le laisse d'abord regarder dans mon oreille ou celle de son parent et je lui fais tenir le stéthoscope pour qu'il voit ce que c'est.»

Marielle Gagnon, mère de quatre enfants, est une habituée des visites chez le médecin. Chaque fois, elle prévient ses tout-petits et leur explique ce que le pédiatre va examiner. Elle demeure près d'eux pendant l'examen: si possible, elle les garde sur ses genoux ou elle reste en contact par le toucher et le regard. «J'essaie aussi de mettre les enfants à l'aise, dit-elle. Je prévois largement assez de temps pour ne pas les stresser et j'apporte une petite gâterie pour après.» Marielle offre aussi cette suggestion: «Ne les habillez pas de façon trop compliquée! Des vêtements faciles à mettre et à enlever épargnent beaucoup de problèmes.»

Le Dr Armstrong remarque que, dans certains cas, les parents empirent involontairement les choses. «Ça m'ennuie, dit-elle, quand la mère ou le père me dit: "Ma fille n'aime pas les médecins. Elle est comme moi!" Les enfants assimilent les peurs des parents à un très jeune âge.» Elle croit aussi que les parents ne devraient pas essayer de rassurer leurs petits en leur disant que les injections ne font pas mal: «Si vous leur dites que ce ne sera pas douloureux et que ce n'est pas le cas, ils perdront confiance en vous. Il vaut mieux leur expliquer que l'injection leur fera un peu mal pour un tout petit instant.»

Quand un enfant a développé une peur des médecins (peut-être à cause d'une série d'otites ou d'une blessure nécessitant des points de suture), le docteur Armstrong suggère parfois que ses parents l'amènent pour une visite et un court examen sans interventions désagréables. Cela lui facilitera une adaptation qui se produit naturellement pour la plupart des enfants: «Vers deux ans, ils commencent à se sentir plus à l'aise. Ils peuvent s'exprimer, ont plus confiance en eux... et ne recevront pas d'autres vaccins avant un bon moment!»

exemple

De la sympathie pour les enfants, SVP!

Voici une question pour les marchands, banquiers et restaurateurs: «Quel chiffre d'affaires perdez-vous à cause de pratiques commerciales antipathiques aux enfants?»

«Je suis allé dans un magasin, dit Jean Papineau, où, pour atteindre les vêtements et accessoires pour bébés, je devais descendre un escalier. J'ai regardé cet escalier puis la poussette, et je suis parti.» Des toilettes sans tables à langer (ou pas de toilettes du tout), des allées trop étroites pour les poussettes, des chaises hautes branlantes ou absentes et de longues attentes dues au nombre insuffisant d'employés entravent la bonne marche des affaires. Par contre, nous connaissons un petit magasin de vidéos ayant une boîte de jouets dans un coin. Il a une clientèle fidèle malgré sa sélection limitée, parce que les parents peuvent y faire leur choix tranquillement pendant que leurs tout-petits jouent.

trucs & conseils

La sécurité au magasin

Cela peut arriver en un instant. Vous êtes en train d'inspecter un manteau d'enfant avant de l'acheter et dites à votre tout-petit de rester «tout près». Soudain, vous regardez autour de vous et il a disparu. Que faire?

- Neuf fois sur dix, votre panique sera momentanée. Appelez votre enfant par son prénom, en disant: «Réponds-moi!» Parcourez rapidement les allées, puis accroupissez-vous et regardez sous les supports de vêtements (des cachettes très amusantes). Si vous ne le trouvez pas tout de suite, demandez l'aide d'une vendeuse.

- En vieillissant, votre tout-petit apprendra à ne pas s'éloigner. Dites-lui aussi comment obtenir de l'aide si vous êtes séparés l'un de l'autre. Mais pour le moment, toute la responsabilité vous incombe. A moins qu'il ne soit dans une poussette ou que vous le teniez par la main, c'est vous qui devez rester près de lui.
- Les chariots des magasins sont plus à craindre qu'un kidnapping! On voit souvent dans les salles d'urgence des hôpitaux des tout-petits qui se sont blessés en tombant de ces chariots. Votre enfant sera plus en sécurité assis dans un siège de chariot muni d'une ceinture ou d'un harnais de sécurité (ou achetez-en un, que vous utiliserez si nécessaire). Même dans ces conditions, ne vous éloignez jamais et surveillez-le bien.

trucs & conseils

Le jeu du médecin

Un bon jeu d'accessoires de médecin est excellent pour les tout-petits. Il permet des jeux intéressants qui les préparent à leurs visites chez le *vrai* médecin. Si ses «instruments» sont solides, un ensemble de base bon marché suffit. Par contre, vous pouvez aussi acheter un stéthoscope jouet de bonne qualité dans les meilleurs magasins de jouets ou de science. En le mettant bien en position, vous pouvez entendre les battements du cœur! Demandez aussi à votre pédiatre de vous donner un abaisse-langue et une seringue (stérile et sans aiguille) comme celle utilisée pour son vaccin.

«Jouer au docteur» consistera surtout à faire des examens à tour de rôle et des traitements pour diverses maladies.

Comme patient, vous découvrirez que, peu importe votre problème de santé, votre tout-petit choisira presque toujours le même remède: une et même plusieurs injections à des endroits inhabituels! Il essaie de maîtriser cet aspect terrifiant de la pratique médicale et s'amuse en même temps à vous diriger. C'est lui, le médecin; alors relevez votre manche (ou autre vêtement) et laissez-vous faire! Poussez un petit cri chaque fois, mais sans exagérer. Quand c'est votre tour d'être le médecin, suivez un scénario plus réaliste (et rassurant).

Les fêtes et les tout-petits
plaisir et sécurité d'abord

Les enfants ajoutent une toute nouvelle dimension aux fêtes et aux réunions de famille. Vu avec les yeux d'un bébé, l'arbre de Noël semble plus gros et plus spectaculaire, les bougies sur les gâteaux d'anniversaire plus lumineuses et la parenté plus importante. C'est une merveilleuse façon de redécouvrir l'intérêt des fêtes traditionnelles.

Toutefois, les parents de tout-petits actifs doivent aussi être conscients des dangers de ces occasions spéciales. On dit souvent par exemple: «Noël est pour les enfants.» Mais pour les tout-petits, la saison des fêtes peut être une période de stress et de confusion. Trop jeunes pour comprendre l'événement qui se prépare, ils se sentent parfois délaissés par les adultes accaparés par leurs emplettes et les célébrations ou troublés par tant d'agitation et de visiteurs.

Plusieurs parents trouvent quand même le moyen de créer des fêtes adaptées aux tout-petits. Maria Didion, par exemple, croit qu'il est primordial de limiter les «célébrations» de sa famille le jour de Noël. «Avant d'avoir des enfants, dit-elle, on se rendait chez mes parents le matin de Noël, puis on faisait un trajet de deux heures en voiture pour aller rendre visite à ceux de mon mari. Mais quand Amélie a eu un an, on s'est rendu compte que c'était trop. On a donc décidé de passer la matinée en famille à la maison, puis de rencontrer ses grand-parents maternels l'après-midi et d'aller chez les grands-parents paternels au Jour de l'an. Et on alterne chaque année.»

Brian Nichols, directeur d'une unité de pédagogie préscolaire à l'université, confirme qu'un rythme de visite effréné peut être difficile pour un jeune enfant. «Un tout-petit en visite dans un nouvel endroit a besoin de points de repère, explique-t-il. Apportez donc des couvertures, des jouets, des aliments favoris, pour le réconforter. Les enfants préfèrent habituellement ne pas s'éloigner de papa et de maman, ce qui déçoit un peu les grands-parents et autres membres de la famille, mais il faut comprendre leur besoin de sécurité.»

Sophia Vanelli confie que son fils Mario aime mieux la fête de Noël quand elle est célébrée chez lui. «J'ai invité toute la famille à la maison, dit-elle, plutôt que d'aller chez ma mère. Mario était beaucoup plus détendu et moi aussi, parce que je n'avais pas à me préoccuper de sa sécurité comme chez mes parents.» Quand il a été fatigué, il a pu se coucher dans sa chambre comme à l'habitude.

Que les fêtes se passent à la maison ou à l'autre bout du pays, il est probable que la routine de votre enfant sera bousculée. Pour les tout-petits qui sont faciles et s'adaptent bien, cela ne pose aucun problème. Mais certains enfants ont besoin d'aide pour faire face à ces changements. Votre fillette est-elle trop excitée pour dormir? Vous pouvez l'amener dans une chambre pour se détendre et lire avec vous, ou faire une promenade en voiture pour qu'elle se détende dans son siège d'auto. Vos cousins qui n'ont pas d'enfants trouvent-ils bizarre que vous nourrissiez votre garçonnet une heure avant le repas? C'est qu'ils n'ont jamais assisté à ses scènes quand il est épuisé et affamé! Ainsi, il pourra passer le repas de Noël sur vos genoux sans avoir à manger.

Les tout-petits, heureusement, ne sont pas assez âgés pour être influencés par la publicité et demander une longue liste de jouets. Mais ils sont parfois renversés par la quantité de cadeaux qu'ils reçoivent des membres de leur famille. «Ça pose souvent des problèmes, dit Maria. Les jeunes enfants ne comprennent pas pourquoi il faut attendre jusqu'au matin de Noël pour déballer les beaux cadeaux placés sous l'arbre. Alors, on les cache jusqu'à ce qu'Amélie aille au lit la veille de Noël.» C'est pareil avec les décorations de l'arbre: pour que sa fille ne soit pas trop tentée, elle n'en met que sur la partie supérieure, hors de portée des petites mains.

Certains parents donnent les cadeaux graduellement à leurs tout-petits plutôt que de tout garder pour le matin de Noël. «Si des parents ou amis apportent des cadeaux pour Mario, dit Sophia, je lui permets de les déballer tout de suite en leur présence.» Elle ajoute que c'est plus agréable pour ceux qui donnent de voir la réaction de plaisir de son fils.

Maria croit que les parents de tout-petits ne doivent pas essayer de trop en faire durant la période des fêtes: «On se sent obligés de préparer des repas élaborés, d'offrir des cadeaux superbes et d'organiser des fêtes élégantes. Tant d'efforts pour des fêtes parfaites peuvent rendre tout le monde malheureux.» Mettez plutôt l'accent sur ce qui est vraiment important: essayez de ne pas oublier les besoins de votre enfant et de bien vous amuser ensemble sans chercher la perfection. Vous passerez probablement ainsi de bien plus belles fêtes!

La sécurité pendant les fêtes

Les visites durant la saison des fêtes sont des occasions d'accident. Vous serez dans une maison non adaptée à votre tout-petit et remplie de gens, de cadeaux et de tout l'arsenal des fêtes. Les adultes sont très occupés et aussi distraits par toute l'activité. Ne perdez donc pas de vue votre petit! Voici quelques conseils:

- Sachez où appeler en cas d'accident. Ecrivez tous les numéros de téléphone pour les urgences, incluant celui du centre antipoison, et placez les à côté du téléphone.
- Autant que possible, adaptez l'endroit à votre tout-petit. Ne réaménagez pas complètement la maison de votre belle-mère pour une visite de deux jours, mais parez aux dangers les plus évidents. Mettez les sacs à main, médicaments et objets fragiles hors de portée; fermez à clé la porte du sous-sol; ramassez les verres et bouteilles vides. Si vous le pouvez, apportez des barrières pour bébés et autres dispositifs de sécurité. Il vous faut aussi un siège d'auto et un lit où votre tout-petit pourra dormir en sécurité.
- Assurez-vous que votre enfant soit toujours sous la supervision d'une personne en particulier. Vous pensez peut-être qu'avec tant d'adultes présents, votre tout-petit sera bien surveillé, mais c'est souvent le contraire. Si vous avez besoin de repos, demandez à une personne spécifique de prendre la relève.

trucs & conseils

Joies et misères de l'Halloween

Les enfants plus âgés apprécient de plus en plus cette fête. Les tout-petits, eux, ne savent trop quoi en penser. Pour eux, l'Halloween peut être terrifiante: plein de créatures bizarres déambulent dans la rue et, pire encore, frappent à votre porte. Pas étonnant que votre enfant soit impressionné!

Comment l'aider? D'abord parlez-lui à l'avance de l'Halloween et de ce que c'est. Jouez à vous costumer et à vous maquiller ensemble pour qu'il comprenne concrètement la différence entre le faux et le vrai. Regardez les masques dans les magasins et riez de leurs aspects «affreux» ou «étranges» (plutôt que «terrifiants»). Surtout, rappelez-lui que toutes ces «créatures» ne sont que des jeunes qui sont déguisés.

Le soir de l'Halloween, laissez votre petit faire comme il lui plaira. Veut-il ou non se déguiser? Préfère-t-il rester prudemment à l'écart? La plupart des tout-petits aiment bien se montrer déguisés, mais très peu veulent rester longtemps dehors. Mieux vaut aussi ne pas l'amener aux maisons les plus terrifiantes, avec leur décor de toiles d'araignée, de sorcières ou de cimetières et leur trame sonore de hurlements!

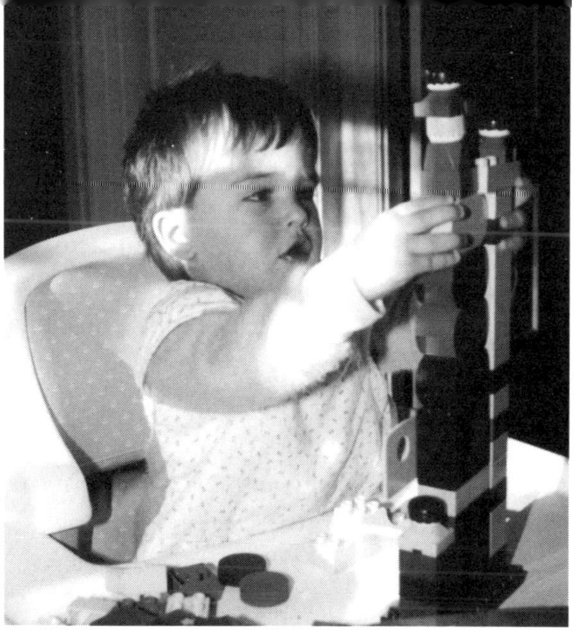

Les petits plaisirs
le jeu formateur

Les enfants de tous les âges jouent, mais la complexité et la qualité des jeux de votre petit changent plus rapidement durant ces deux années qu'à toute autre période de sa vie. Votre tout-petit commencera à ajouter de nouveaux éléments à la simple exploration. Il imitera aussi beaucoup: ses parents, ses frères et sœurs, le chien, etc. Il chantera et dansera avec la musique, s'absorbera dans une histoire, choisira délibérément le crayon bleu ou rouge plutôt qu'un autre. Son langage et ses capacités d'apprendre et de créer se développeront, et vous verrez l'émergence du jeu de «faire semblant» (de temps à autre, il vous demandera d'être un cheval ou un personnage de télé). Avec le développement de son imagination, ses jeux deviendront plus émotifs: il pourrait bien éprouver tout à coup une grande affection pour un animal en peluche ou pour le ver de terre qu'il trouve dans le jardin et pleurer à chaudes larmes si ce nouvel «ami» se dessèche au soleil et meurt.

Votre tout-petit ne fait pas la distinction entre le jeu et la «vraie vie». Pour lui, des activités comme préparer des biscuits avec vous ou en faire avec de la pâte à modeler sont tous deux des jeux, si c'est amusant et intéressant. Tous les jeux (seul, avec vous et, surtout vers trois ans, avec d'autres enfants) contribuent à son développement mais de manière différente. Donnez-lui donc accès à une variété de matériaux et d'activités de jeu. Mais il n'a pas besoin de quantités de jouets chers et compliqués.

On pourrait dire que «le jeu est le travail de l'enfant». C'est assez vrai, puisque cela souligne la valeur et l'importance du jeu dans son développement physique, intellectuel et émotif. Mais cette expression ne rend pas *l'esprit* du jeu: la fantaisie, la liberté et le pur plaisir qui en découle. Bien sûr, le jeu contribue au développement moteur des enfants, à leur apprentissage intellectuel et à leur assimilation des rôles des adultes. Mais l'ironie est que, si vous vous concentrez trop sur l'aspect «formateur» du jeu, vous risquez d'en faire une activité plus structurée et plus limitative. Vous n'avez donc pas besoin d'intégrer l'apprentissage dans le jeu de votre tout-petit. Laissez simplement les choses arriver d'elles-mêmes et amusez-vous! Vous serez surpris des résultats.

S'amuser et apprendre
les meilleurs jouets

Les collections de jouets, par leur nature même, s'élaborent souvent un peu au hasard (à commencer par les dizaines de nounours que votre bébé a probablement reçus dans les premières semaines de sa vie). Mais de temps à autre, il faut évaluer les jouets de votre enfant, tout comme son développement. Que lui faut-il à ce stade-ci? Sa caisse à jouets n'a pas besoin d'être remplie d'objets très chers, mais elle doit contenir tout ce qui stimulera, et ce, de différentes manières, les habiletés et intérêts émergents de votre tout-petit.

La consultante en jouets Julie Creighton conseille toutefois de prêter autant d'attention au plaisir de votre enfant qu'à la pertinence du jouet pour son développement. «Vers l'âge de deux ans, explique-t-elle, les enfants ont déjà développé leurs propres styles de jeu. Certains aiment être la vedette de leur spectacle (ils adorent les vêtements pour se déguiser et les accessoires réalistes), alors que d'autres sont des "metteurs en scène" qui dirigent l'action et gravitent autour des jeux à assembler avec édifices, véhicules et personnages.» Selon elle, il est important d'observer les jeux de votre enfant et de respecter ses préférences. Et cela inclut la manière dont il utilise les jouets qu'il possède déjà: «Les enfants ont besoin de liberté pour jouer et explorer à leur manière. Ils ne sont pas nécessairement obligés par exemple d'empiler leurs cubes.»

Cela dit, voici un résumé des stades de développement du jeu des enfants, selon Julie Creighton.

12 à 18 mois. Julie Creighton appelle ce stade l'âge du «Je suis capable!». A un an, les tout-petits aiment les activités qui démontrent leur maîtrise croissante mais sans demander trop de coordination: vider, remplir, assembler, détruire. Ce qui les amuse, ce sont des jouets aquatiques ou à empiler, des contenants remplis de cubes (ou un tiroir de t-shirts) qu'ils amoncellent puis replacent, et de gros ballons légers qu'ils lancent et rattrapent.

18 à 24 mois. «Ces enfants aiment pousser et transporter, dit Julie Creighton. Par exemple, le chariot au supermarché ou une poussette de bébé. C'est le moment de leur donner un bon petit véhicule stable qu'ils font avancer avec les pieds, mais au début ils le transporteront plutôt que de le conduire.» A la fin de ce stade, le jeu d'imagination apparaît. Un téléphone jouet est un des favoris à cet âge: «D'abord, ils peuvent le manipuler et produire des sons en appuyant ou en tournant. Puis ils se mettent à "parler" au téléphone. Par la suite, ils prétendent qu'ils sont papa ou maman en train de discuter avec un des grands-parents, par exemple.»

24 à 36 mois. C'est le stade de la communication et de l'imagination. «Les jouets deviennent plus importants pour eux et leurs jeux durent plus longtemps», explique la conseillère. C'est le moment de leur donner des jouets pour faire semblant: un ensemble pour le thé avec les amis, un coffre à outils, un jeu de médecin. Ne négligez pas non plus le potentiel qu'offrent les «vrais objets» pour votre tout-petit: une petite poêle à frire, une spatule en plastique et des céréales à «cuire» ajoutent de l'intérêt à sa cuisinière jouet; une pelle à poussière et un petit balai lui permettent de vous aider à nettoyer. Des ensembles miniatures (ferme, garage, ville) leur offrent un autre type de jeux pour faire semblant. Vers deux ans et demi ou même avant, vous devriez vous intéresser au style de jeu de votre enfant et à ses préférences: quels jouets stimulent le plus son imagination?

Julie Creighton affirme que certains bons jouets, comme des puzzles simples, n'intéressent les enfants que peu de temps: «Parce que les tout-petits évoluent très vite, un jouet parfait aujourd'hui n'aura plus d'intérêt dans trois mois.» Heureusement, il est facile à cet âge d'augmenter leur collection de jouets avec des objets de la maison. Des pots de yaourt vides, par exemple, peuvent s'emboîter, se remplir de trésors ou se ranger en lignes. Une grande boîte en carton offre aussi quantités de possibilités. «Bien sûr, dit-elle, il faut d'abord bien inspecter tous ces objets pour leur solidité et leur sécurité avant de les offrir à votre enfant.»

D'autres jouets introduits durant la deuxième et troisième années de votre enfant seront utilisés des années durant. Quelques suggestions:

De bons cubes en bois ou des briques de construction en plastique serviront pour différents jeux à mesure qu'il grandit. Ils seront d'abord déversés et éparpillés, puis ils formeront des «chemins», et plus tard, des châteaux et des cages de zoo.

La pâte à modeler est manipulée, écrasée, étirée avec joie dès l'âge d'un an (mais ne laissez pas votre petit en manger!). A deux ans, un ensemble de gadgets simples ravive l'intérêt de ce jeu: emporte-pièce ou moules à biscuits, objets texturés pour faire des empreintes et petits animaux en plastique pour placer dans un décor de pâte à modeler. Pour les tout-petits, la pâte à modeler préparée chez soi est plus souple et facile à manipuler que celle du commerce.

Du matériel d'art et de bricolage. Offrez-en dès que votre tout-petit ne le mettra plus dans sa bouche, probablement vers deux ans. Utilisez de gros crayons de cire solides et faciles à tenir, ou mieux encore, des marqueurs non toxiques lavables qui sont plus pratiques et produisent de beaux traits de couleurs vives.

De vieux vêtements, chapeaux, pantoufles, écharpes, sacs à mains, etc. constituent une bonne base pour une boîte à déguisements qui amusera les enfants durant toutes les années préscolaires. Vous pouvez aussi acheter des jouets comme un casque de pompier, une cape et une couronne.

Des «amis» fidèles. Votre tout-petit n'aura pas besoin de millions d'animaux en peluche, mais seulement quelques poupées et nounours douillets pour embrasser, caresser et recevoir les confidences.

Livres et musique. Les tout-petits qui aiment «lire» avec papa et maman passeront éventuellement de longs moments seuls avec leurs livres. Faites-leur aussi écouter de la musique: non seulement celle qui est destinée aux enfants, mais aussi celle que vous aimez. Ils chanteront très vite et danseront comme pas un!

information

Jouets à emprunter

Des ludothèques et autres «joujouthèques» commencent à apparaître un peu partout. Très utiles pour les parents au budget limité et ceux qui préfèrent «essayer avant d'acheter», elles ajoutent nouveauté et stimulation à la collection de jouets de votre tout-petit. De plus, les bénévoles ou employés qui y travaillent sont généralement très bien informés et peuvent vous aider à choisir les jouets. Le prix d'adhésion est souvent minime et représente un très bon investissement. Renseignez-vous auprès des services municipaux locaux pour savoir s'il y en a une près de chez vous.

lectures

Information jouets

Le livre *Votre enfant, de la naissance à la grande école*, de Penelope Leach (Albin Michel, 1990) renferme plusieurs suggestions de jouets et d'activités pour les tout-petits.

le saviez-vous?

Les tout-petits et la télévision

La télé est-elle un passe-temps approprié pour les tout-petits? Quoique la majorité des études sur les enfants et la télévision se concentrent sur des groupes d'âge plus vieux, la plupart des tout-petits regardent et aiment la télé. Mais comme leur capacité de «traiter» les mots et les images n'est pas très développée et que leur expérience est très limitée (comment peuvent-ils juger, alors, ce qui est réel et ce qui ne l'est pas?), ils ne comprennent pas tout ce qu'ils voient de la même façon que les enfants plus âgés.

«Ils ne font pas la différence entre la fantaisie et la réalité; et le rythme rapide de la plupart des émissions (avec un flot d'images, de mots, de musique et d'effets sonores) les empêche de bien saisir», explique Kealy Wilkinson, directrice de l'Alliance pour l'enfant et la télévision. Certains tout-petits, bien sûr, sont hypnotisés par ce flot de stimulations, «mais ils n'en comprennent que de petits bouts».

Quelles émissions choisir pour un tout-petit? Selon Kealy Wilkinson, la plupart des parents évitent instinctivement les émissions terrifiantes et violentes. Vous devez aussi rechercher un rythme plus lent et des histoires faciles à suivre. «Les tout-petits sont en train d'apprendre à maîtriser le langage et à connaître le monde, dit-elle. Il leur faut des émissions qu'ils sont capables de comprendre.» Même si les images et les sons spectaculaires des dessins animés attirent les enfants, leur complexité les rend difficiles à suivre pour les moins de trois ans. Certaines bonnes émissions, populaires à juste titre, se déroulent trop vite pour plusieurs tout-petits, ne leur laissant pas le temps d'assimiler une histoire avant l'apparition d'une autre. Des émissions à l'approche plus détendue et plus «douillette» leur conviennent donc mieux.

Si votre tout-petit est votre premier enfant, c'est le moment d'élaborer des normes familiales pour la télévision. Quand votre bébé était encore peu conscient de son entourage, vous regardiez peut-être des émissions d'adultes en sa présence. Dorénavant, vous devez vous préoccuper de ce qu'il verra: après tout, les nouvelles télévisées sont souvent les émissions les plus pénibles. Si votre télé était constamment en marche, vous devrez peut-être changer cette habitude. Même lorsque l'émission convient à l'âge de votre enfant, vous devez limiter le temps de visionnement. Il a été prouvé que trop de télévision nuit au développement de l'imagination des enfants, de leur habileté à la lecture et de leur condition physique. Les tout-petits découvrent le monde d'une façon très tactile et sensuelle. Plus que les enfants d'un autre âge, ils ont besoin de bouger, de toucher et de manipuler, tout comme d'écouter et d'observer. On ne sait pas exactement combien d'heures de télé votre petit devrait regarder. Mais les experts des médias et du développement de l'enfant croient que, pour les tout-petits, «un peu, c'est bien assez».

«Lis-moi une histoire»
apprendre à aimer les livres

«Mon fils Valentin (18 mois) et moi étions dans le train entre Paris et Toulouse, raconte Nadine. Le joli petit album que nous lisions presque continuellement depuis le départ commençait à perdre pour moi *tout* son charme. En fait, j'aurais bien aimé étrangler à la fois son auteur et l'amie bien intentionnée qui nous l'avait prêté! Valentin, lui, connaissait maintenant assez l'histoire pour en réciter de grands bouts et il l'aimait de plus en plus passionnément. Nous avons donc passé une bonne partie de ce voyage de cinq heures à lire, relire et re-relire cette histoire...» Les parents sont prêts à tout pour rendre leurs enfants heureux, n'est-ce pas?

Heureusement, la lecture à un tout-petit ne représente pas toujours un tel défi à l'endurance et à la patience de leur maman ou de leur papa. Bien au contraire, puisque de nombreux parents affirment que c'est une de leurs activités préférées.

«Que nous apporte la lecture avec Chloé? demande sa maman, Delphine Tremblay. Absolument tout! D'abord une intimité chaleureuse: elle s'assoit sur mes genoux ou à côté de moi, avec son lapinot. Puis ça lui fait apprendre le nom des objets: maintenant, elle les nomme en les pointant du doigt! Ça nous donne aussi l'occasion de rire ensemble aux parties amusantes du livre...»

Des parents comme Agnès Laporte, maman de Cécilia (deux ans), sont déjà convaincus des avantages de lire aux tout-petits. «Ma mère m'a appris toute jeune que "lorsqu'on a un livre, on a un ami", dit-elle. Et j'espère transmettre aussi cette idée à ma fille.»

L'éducateur et auteur Germain Duclos reconnaît une grande valeur éducative au contact avec les livres en bas âge (dans «Lire, c'est l'aventure»): «C'est d'abord dans la famille que naît le goût de la lecture. En effet, dans la plupart des foyers, les enfants sont quotidiennement en contact avec le monde de l'écriture, livres, affiches, étiquettes, journaux, magazines, circulaires, etc. Dès les premières années de sa vie, le jeune enfant considère la lecture comme une source potentielle d'apprentissage si ses parents l'y ont initié ou ont piqué sa curiosité à cette fin. [...] Des recherches montrent l'importance de faire la lecture à son enfant dès ses premiers mois de vie afin de le motiver à cette activité.»

Germain Duclos s'empresse d'ajouter qu'il doit s'agir d'un moment agréable. Il est essentiel que cette activité soit vécue dans le plaisir. Ainsi, cette période privilégiée doit être l'occasion de jouer avec votre enfant, de l'embrasser, de lui chatouiller le nombril, de lui parler, de chanter, de rire, etc.

Lire à un tout-petit est différent de lire à un enfant plus âgé, et les parents qui s'attendent à une attention silencieuse seront déçus. Plusieurs petits interrompent la lecture pour parler des images, poser des questions ou nommer ce qu'ils voient. C'est aussi une excellente façon d'aborder la lecture.

Cela ne coûte pas nécessairement très cher pour immerger votre petit dans la culture livresque. Il n'est pas nécessaire d'acheter de superbes livres illustrés très coûteux puisque, de toute façon, les risques de les abîmer sont très grands. Les enfants de cet âge adorent se faire lire la même histoire un nombre incalculable de fois, c'est pourquoi il est préférable d'investir dans de petits livres cartonnés et résistants.

Comment choisir un bon livre? Il y a beaucoup de règles théoriques, mais la meilleure chose est de faire vos propres expériences. En général, les jeunes enfants évoluent des livres «à thèmes» (dont chaque page est en fait une partie complète en soi) aux histoires; des illustrations simples aux images plus complexes et plus détaillées; de textes très courts à d'autres plus longs. Mais ce n'est pas tout, car il faut tenir compte des goûts et intérêts de chacun. Certains aiment les livres remplis d'images qu'on pointera et identifiera pendant longtemps. D'autres, comme Valentin, rejettent vite ces livres et réclament plutôt qu'on leur lise une histoire. Peu importe comment votre petit apprécie les livres (mais défense de les manger!), pourvu qu'il les aime.

Ne vous limitez pas non plus aux livres traditionnels des tout-petits. Plusieurs cadets de famille écoutent les histoires lues à leurs frères et soeurs plus âgés et en profitent beaucoup. Les très jeunes enfants absorbent le langage et les émotions de certaines bonnes histoires, même s'ils n'en comprennent pas bien le déroulement. Si votre petit a un intérêt spécial, achetez un livre de référence illustré (usagé ou non) sur le sujet. Chez nous, on s'intéresse beaucoup aux animaux: une vieille encyclopédie animale et un ancien catalogue sur les chiens nous ont beaucoup servi. Vous pouvez aussi lui préparer son propre livre avec un petit album de photos. Remplissez-le de photos de ses personnes et endroits préférés ou d'illustrations d'objets familiers. C'est facile et amusant, et ça ne coûte presque rien.

Finalement, quand c'est possible, choisissez aussi un livre que *vous* aimez. Parce que si c'est un succès, vous le lirez pendant *très, très* longtemps! Même si les adultes ne raffolent pas des répétitions constantes, la relecture d'un livre connu procure par contre aux tout-petits une merveilleuse impression de confort et de maîtrise.

Agnès Laporte remarque que sa fille Cécilia assimile en profondeur ses histoires préférées: «Elle aime bien s'asseoir dans un fauteuil et regarder ses livres toute seule. C'est vraiment mignon: elle tourne chaque page tout en parlant à sa poupée. Je suis étonnée de voir qu'elle lui raconte sans aide presque toute l'histoire!»

Pour Cécilia, les livres sont déjà des amis familiers. C'est une relation qui ne pourra que s'améliorer dans l'avenir.

Du grand art?

bricolage pour les tout-petits

Dès qu'elle arrive à la halte-crèche du centre communautaire, Marine (22 mois) se dirige tout droit vers les chevalets. Là, elle attend impatiemment les bras en l'air que sa maman la rejoigne et lui passe le grand tablier qui protégera ses vêtements. La fillette sait très bien comment faire, elle est déjà venue plusieurs fois ici.

Tout de suite, elle passe à l'action. Elle tend la main vers la rangée de pots de gouache, et rapidement, trace une grande forme rouge vif, puis un trait jaune tout dégoulinant et enfin quelques taches vertes. Voilà, c'est fini! Elle court vers le cheval à bascule sur lequel elle s'installe pour se balancer. Avant de retourner à la maison, Marine fait un autre bref arrêt à la table de pâte à modeler où elle manipule, écrase et étire une pâte jaune à arôme de banane. Au moment de rentrer, sa maman prend la peinture presque sèche et dit à sa fille: «C'est très joli, chérie. Qu'est-ce que c'est?» La petite regarde fixement sa mère sans comprendre.

Un jour, Marine dessinera ou peindra des figures reconnaissables. Mais on n'en est pas encore là. Pour le moment, «ses activités de bricolage sont plutôt des découvertes et des activités sensorielles», dit le professeur Sue Martin, spécialiste du développement des jeunes enfants. Les tout-petits s'intéressent plutôt aux procédés qu'aux résultats. Dans leur découverte du monde qui les entoure, ils sont de grands expérimentateurs. Quand ils utilisent du matériel d'art et de bricolage, leur but n'est pas de réaliser quelque chose en particulier, mais plutôt d'explorer des questions plus terre à terre: «C'est quoi? Qu'est-ce qu'on en fait? Comment je l'utilise? Qu'arriverait-il si...?»

Le résultat ne ressemble peut-être pas à la conception de l'art que se font les adultes, surtout si la question du jour est: «Qu'arrivera-t-il si je couvre tout en noir et que je gratte très fort?» Mais Sue Martin affirme que les jeunes enfants retirent de grands bénéfices des activités de bricolage très simples: «Elles contribuent à développer leur concentration et leur motricité fine, l'habileté à saisir, à tenir et à manipuler de petits objets. Cela leur permet, littéralement, d'avoir une prise sur le monde. En grandissant, leurs actions seront davantage guidées par leurs intentions (je veux le faire *comme* ça). Cela leur permettra de définir leurs buts et d'acquérir une certaine maîtrise.» Puisque les activités d'art et de bricolage requièrent une surveillance vigilante des adultes, il en résulte une interaction donnant des occasions de perfectionner le langage et la compréhension.

Quels sont les meilleurs matériaux et activités pour les tout-petits? «Ils ont besoin de faire l'expérience du succès, dit Sue Martin. C'est donc très important de ne rien leur proposer de trop difficile.» Par exemple, la peinture avec des disques d'aquarelle et plusieurs activités de collage requièrent trop de coordination pour des enfants de cet âge.

«Il faut aussi éviter absolument tout ingrédient potentiellement toxique, avertit Sue Martin. Car les tout-petits, même s'ils ne le mangent pas, en auront au moins sur les mains et donc, éventuellement, dans la bouche.»

Voici quelques conseils pour s'amuser en créant:

Dessin et peinture. Les crayons de cire minces ne sont pas assez solides pour les poings serrés des tout-petits. Vous devriez acheter ceux qui sont plus épais et plus solides. Et les gros marqueurs lavables sont encore plus faciles à utiliser. Ils permettent de se concentrer sur les jolis traits de couleur plutôt que sur la pression à exercer pour colorier.

La peinture est définitivement une activité qui fait du dégât, mais elle est plus «sensorielle» et plus satisfaisante que le dessin. La peinture au doigt est une première étape naturelle pour les tout-petits. Vous pouvez l'acheter, la préparer vous-même ou (si vous ne voyez pas d'inconvénient à mêler jeu et nourriture) utiliser des produits comestibles comme des crèmes ou des yaourts colorés. Plutôt que d'utiliser des tonnes de papier pour peinture au doigt très cher, votre tout-petit peut pratiquer son «art» sur le plateau de sa chaise haute ou une plaque à biscuits. Quand il a terminé, déposez une feuille de papier ordinaire sur la peinture et, voilà! une gravure abstraite instantanée.

Pour la «vraie» peinture, la gouache est probablement le meilleur choix. Il coûte moins cher de l'acheter en poudre et de la mélanger, mais la gouache en pot est plus pratique et a une meilleure consistance. Quelle que soit la sorte utilisée, épaississez-la avec un peu de farine ou de fécule pour minimiser les coulures. (Epaississez une petite quantité à la fois seulement, car elle ne se conservera pas.) Commencez avec une ou deux couleurs seulement, et un pinceau différent pour chacune.

Et le papier? Servez-vous de ce que vous avez déjà. Les tout-petits peindront avec joie sur les pages du journal, des sacs en papier ou le verso de feuilles déjà utilisées. Vous pouvez aussi acheter un rouleau de papier blanc ou journal dans un magasin de fournitures scolaires ou chez IKEA.

Pour terminer, voici une idée pour peindre sans papier.

Versez de l'huile et quelques jets de colorant alimentaire (pour de meilleures couleurs mélangez d'abord avec un peu de lait) dans un sac «Ziploc». Fermez très bien, et laissez votre enfant faire ses propres «designs» en manipulant le sac.

Pâte à modeler. Aussi calmant que pétrir du pain, jouer avec de la pâte à modeler offre des myriades de possibilités. Votre tout-petit peut commencer simplement en l'écrasant, en l'étirant et en la séparant. Ensuite, donnez-lui des instruments pour la travailler et la texturer: sa fourchette de bébé, un couteau non pointu et non coupant, un dinosaure pour faire des empreintes de pas, etc. Avec le développement de son vocabulaire et de son imagination, la pâte à modeler lui rappellera des choses connues; bientôt, il vous demandera des bougies pour décorer son «gâteau», de petits personnages pour sa «caverne» ou un couteau à pizza. Votre participation à ce jeu de rôle (avec l'enfant aux commandes) peut le rendre plus intéressant et être très amusant pour vous deux.

La pâte à modeler maison, plus souple que la pâte commerciale, est plus facile à manipuler pour les tout-petits, mais pas aussi bonne pour modeler. Pour une expérience plus «sensorielle», donnez-lui la pâte à modeler quand elle est encore tiède.

Collage. Le collage avec des tout-petits peut être un grand succès ou un cauchemar très «engluant». Votre aide discrète sera nécessaire, par exemple pour nettoyer, avec un linge mouillé, un petit très frustré de voir que tout colle sur lui plutôt que sur le papier.

Pour simplement coller du papier, les jeunes enfants se débrouillent mieux avec une colle maison faite de farine et d'eau qu'avec la colle blanche commerciale, parce qu'elle est moins collante avant d'être sèche. Mettez-en un peu dans un pot avec un pinceau. Votre enfant peut l'étaler sur toute la feuille de support ou l'appliquer seulement au dos des formes à coller.

La colle commerciale est amusante pour faire de longues traces de colle en pressant le flacon. Votre tout-petit peut ensuite parsemer dessus du sable, de la farine de maïs, etc. Laissez sécher, enlevez les grains non collés et montrez-lui le dessin qu'il a réalisé.

«Tout-petit, un de mes enfants allait au chevalet et peignait systématiquement une ligne verticale de chaque couleur, alors que l'autre peignait de son côté des points et des taches puis frottait la surface du papier. Encore aujourd'hui, le premier a l'esprit mathématique et ordonné, alors que l'autre est plus indépendant.»

Pour des collages plus complexes, utilisez un fond assez solide, comme du carton souple ou rigide, ou du papier fort.

Un dernier point. Quand on nous conseille de laisser nos tout-petits «créer eux-mêmes» leurs propres œuvres, nous pouvons croire que cela signifie de ne *jamais* les aider. «Mais Alexandre adore le train qu'on a fait ensemble avec des boîtes en carton», réplique un papa. Ou une maman dit: «Jenny était si contente de notre collage des fleurs et des feuilles ramassées pendant notre promenade. Pourquoi est-ce mal de l'aider à réaliser quelque chose de joli?»

Non, ce n'est pas mal. Les enfants sont très satisfaits de ces projets conjoints, mais vous devez comprendre que c'est une activité très différente. Voyez la chose de cette façon: quand vous préparez un collage pour grand-maman, c'est comme préparer des biscuits ensemble. Vous êtes le chef et votre petit, l'assistant. Mais quand c'est lui qui est dans le siège du conducteur, il prend toutes les décisions et suit ses propres impulsions. C'est là, après tout, que réside le fondement même du jeu des enfants, et du grand art aussi d'ailleurs.

trucs & conseils

Une fête des sens

Pour les expériences créatrices des enfants, Sue Martin nous rappelle de «penser aux cinq sens et pas seulement au visuel». Avec le matériel artistique visuel, ils explorent les couleurs, les formes et la lumière. Mais les odeurs, les textures, les goûts et les sons ont autant d'importance. Sentir des épices, écouter le son d'un pinceau frotté contre différents objets ou ramper sur différentes textures ne sont pas habituellement considérés comme des activités artistiques. Pourtant, une vive conscience sensorielle est essentielle à tous les arts.

trucs & conseils

Pâte à modeler maison

Il existe plusieurs bonnes recettes. En voici une qui donne une pâte qui se conserve bien et est sans danger si votre petit en prend une bouchée:

4 tasses de farine
2 tasses de sel
4 c. à soupe de crème de tartre
4 tasses d'eau (avec colorant alimentaire, si désiré)
2 c. à soupe d'huile

Combinez les ingrédients dans une casserole. Cuisez à feu moyen en remuant bien jusqu'à bonne consistance. Laissez refroidir et pétrissez.

Le plaisir des grands espaces
les avantages du plein air

Paul Eagles, formateur en enseignement de plein air, se souvient d'une excursion de camping avec une famille comprenant un tout-petit. Les parents insistaient pour que leur enfant soit toujours très propre. Ils avaient même déposé un seau d'eau à l'entrée de la tente pour laver ses jouets avant de les amener à l'intérieur. La moindre trace de saleté sur ses mains ou ses jambes était tout de suite nettoyée; dès que ses vêtements étaient sales, ils les changeaient.

«Inutile de dire, commente Paul Eagles, que cette famille ne s'est pas beaucoup amusée en camping. Se salir fait partie du jeu de plein air pour les enfants.» Mais il croit fermement que la saleté et les dégâts qu'il entraîne sont bien peu de choses comparé aux bénéfices qu'en retirent les participants.

Dès qu'il fait plus chaud, parents et tout-petits sont attirés par les activités en plein air. Certaines familles possèdent de grands jardins et d'autres fréquentent les parcs du quartier. Paul Eagles rappelle aux parents qu'il est important aussi pour les enfants de faire l'expérience du jeu dans un milieu naturel.

De nos jours, un pourcentage croissant de familles vivent dans des villes de plus en plus grandes. Les paysages ruraux et sauvages ne font donc plus partie de leur vie quotidienne. Même les espaces verts et les parcs de nos quartiers urbains sont généralement constitués de pelouses bien entretenues avec, ici et là, des espaces clôturés pour des balançoires et des toboggans. Pour un grand nombre de personnes, selon Paul Eagles, cela ne satisfait pas leur besoin d'un contact avec la nature.

«Le contact avec le monde de la nature procure des avantages physiques et psychologiques, dit-il. Cela montre aux enfants la grandeur de la nature, l'existence d'un autre monde au-delà des édifices, des voitures et de l'asphalte. Et les jeunes enfants adorent tous la nature, sans exception.»

Pour la plupart des familles, une excursion dans la nature ne peut se faire que pendant les fins de semaine ou les congés. Ce n'est pas assez pour satisfaire tout le désir de plein air d'un tout-petit. Heureusement, il existe aujourd'hui une grande variété de structures de jeux pour les activités de plein air pouvant être utilisées dans votre cour ou au parc de votre quartier.

D'ailleurs, ces structures encouragent les enfants à faire ce qu'ils font le mieux: glisser et ramper, grimper, sauter et se balancer!... Les enfants aiment les aspects physiques du jeu avec ces structures. On peut aussi utiliser ces structures pour «faire semblant»: elles deviennent alors magasin, hôpital, bateau de pirate ou maison hantée.

Si vous désirez en acheter une, les structures de jeux en plastique qui incluent une maisonnette et un cadre pour grimper (souvent avec un toboggan) sont les plus pratiques pour les tout-petits. Plusieurs d'entre elles peuvent ensuite être installées à l'intérieur à la saison froide (si vous avez assez d'espace), afin d'en profiter toute l'année.

Les plus grosses structures de jeux et les balançoires traditionnelles amuseront vos enfants des années durant. Mais lorsque de jeunes enfants y jouent, vous devez les surveiller constamment. Cette règle s'applique encore plus quand vous allez au terrain de jeu d'un parc ou d'une école, où les installations sont habituellement destinées à des enfants plus âgés et peuvent être dangereuses pour des tout-petits.

Toutes ces structures de jeux coûtent cher, surtout les plus élaborées. On recommande donc de les acheter dès que votre enfant peut commencer à les utiliser. Ainsi, elles serviront plus longtemps.

«Je ne crois pas qu'un seau rempli de crapauds soit sur la liste des jouets recommandés aux tout-petits! Mais des enfants plus âgés nous ont apporté un jour des crapauds qu'ils avaient attrapés, et Clarisse a été complètement fascinée. Il y a quelque chose dans une créature vivante qu'aucun jouet ne peut égaler.»

Même si vous ne lui procurez pas de telles installations pour jouer dehors, votre tout-petit pourra quand même faire de l'exercice. Il existe certains jouets de base qui l'amuseront et l'intéresseront. Un petit véhicule qu'il peut chevaucher et conduire est un bon investissement, tout comme les ballons rebondissants, la craie pour le trottoir ou même une couverture pour transformer votre table de pique-nique en maisonnette!

Le sable et l'eau sont les deux éléments de base pour le jeu des enfants de tous les âges. Même un petit bac à sable sur le balcon d'un appartement fournit de nombreuses heures de plaisir. Les jours où vous pouvez laisser votre petit se salir un peu, donnez-lui de l'eau pour verser sur le sable et faire des mélanges (le sable humide ira moins facilement dans ses yeux). Couvrez le bac à sable quand il n'est pas utilisé pour éviter que les chats ne s'en servent comme litière.

Une petite piscine dans le jardin est une excellente façon pour les enfants de se rafraîchir quand il fait chaud. Mais même les plus minuscules d'entre elles nécessitent la surveillance constante d'un adulte. Et certains tout-petits aiment bien aussi jouer avec le jet d'eau d'un simple tuyau d'arrosage.

Que vous alliez dans un parc ou simplement dans votre jardin pour vos loisirs de plein air, Paul Eagles recommande de toujours bien protéger la peau de vos enfants du soleil: «Les enfants, surtout ceux au teint pâle, ont la peau très sensible et on oublie souvent combien celle-ci brûle facilement. Quand ils sont dehors, évitez les rayons directs du soleil au milieu de la journée, mettez-leur des chapeaux et enduisez-les d'un bon écran solaire.»

trucs & conseils

La promenade avec un tout-petit

Si vous avez vraiment besoin de vous rendre à une destination précise, la marche avec un tout-petit peut devenir un exercice frustrant. Mais comme loisir, une promenade avec lui peut être extraordinaire. Le secret? Considérez-la davantage comme une «exploration» qu'un «trajet».

A chaque saison, une courte promenade sur la rue ou dans un endroit plus «nature» vous fera découvrir des merveilles. Humez l'odeur de la pluie printanière. Montrez à votre tout-petit les pissenlits et faites-le souffler sur ceux qui sont en graines. Trouvez la plus belle des feuilles d'automne. Observez le travail de l'équipe de réparations téléphoniques. Apportez aussi un sac pour ramasser les «trésors» qu'il trouvera.

Par très mauvais temps, faites vos explorations à l'intérieur. Allez voir les truites et les homards vivants à la poissonnerie ou enlevez le couvercle des toilettes et montrez-en le fonctionnement à votre enfant.

Souvenez-vous que presque tout est nouveau pour votre tout-petit. Sa curiosité et sa capacité à découvrir sont sans limites. Et si vous ne vous rendez que jusqu'à la fascinante flaque d'eau devant la maison, c'est déjà très bien: vous avez atteint votre destination!

trucs & conseils

Plaisirs... d'hiver?

Pour les enfants plus âgés, les sports d'hiver amènent une gamme de plaisirs en plein air: patinage, toboggan, ski, bonhommes de neige, etc. Mais quand un tout-petit est paralysé par d'encombrants vêtements et bottes pour la neige et incapable de saisir des objets avec ses mains emmitouflées, ses possibilités de jeux sont très limitées. Voici des façons de profiter de l'hiver:

- Pelletez une aire de jeu circulaire et empilez la neige autour, en «murs» inclinés. Ces murs coupent le vent et, ainsi abrité, votre tout-petit peut marcher. Jouez avec un ballon, prenez un goûter, escaladez puis redescendez les murs...
- Essayez la peinture sur neige en utilisant un vaporisateur d'eau contenant du colorant, ou de la gouache et de gros pinceaux.
- Votre tout-petit peut glisser en toboggan si vous prenez place derrière lui pour le guider et le supporter.
- Votre poussette avance très mal sur les trottoirs encombrés de neige, mais elle roule très bien sur une patinoire. Poussez votre enfant en patinant: un bon exercice pour vous et une promenade excitante pour lui.
- Augmentez votre mobilité en transportant votre tout-petit dans un sac à dos à armature, un traîneau de bébé ou une poussette à grosses roues.

- Achetez des vêtements et des bottes d'hiver de bonne qualité pour votre enfant. Ils ne lui serviront pas longtemps, mais vous pouvez les revendre ou les garder pour votre prochain bébé. Très chauds et à l'épreuve de l'eau, ils rendront ses sorties agréables et confortables.
- Amenez votre petit dehors lors d'une belle soirée d'hiver neigeuse. Etendez-vous tous les deux sur la neige et admirez le ciel étrangement clair, les tourbillons de neige devant les réverbères et les flocons qui tombent autour de vous.

Autant d'expériences extraordinaires et de souvenirs inoubliables

Comptines et caresses

dites-le avec les doigts

Alouette, gentille Alouette
Alouette, je te plumerai.
Je te plumerai le dos,
Je te plumerai le dos.
Ah le dos. Ah le dos.
Aaah...
Alouette, gentille Alouette...

Les rires de votre tout-petit, quand vous promenez les doigts un peu partout sur son corps en chantant ou en récitant une comptine, justifient amplement de connaître une ou deux de ces comptines «à gestes» qui s'accompagnent immanquablement de chatouilles et de bisous. Mais saviez-vous que ces petits poèmes un peu bêtes ont aussi une grande valeur éducative?

Betty Flint, animatrice d'un centre parent-enfant, explique que les comptines, chansons et jeux de doigts sont très utiles aux enfants qui font l'apprentissage du langage. «Grâce aux chansons et aux comptines, l'enfant apprend le rythme et les sons de sa langue, dit-elle. Il ne les comprend souvent pas toutes, mais cela s'imprime dans son cerveau, et c'est la base du langage.»

Votre tout-petit ne pense évidemment pas à apprendre

ainsi un langage. Ce qui compte pour lui, c'est l'interaction intime et chaleureuse et le plaisir qu'il éprouve quand vous chantez et lui montrez les gestes à faire. Il comprend aussi que vous l'aimez et que vous vous plaisez à jouer avec lui.

«Il existe un programme de thérapie pour les parents ayant des difficultés à s'attacher à leurs bébés, qui est basé sur des chansons, des comptines et des histoires, explique Betty Flint. Le thérapeute encourage le parent à chanter les chansons et les comptines et à raconter les histoires à son petit. Cela leur fournit un moyen de communication, et dans la majorité des cas, cela donne vite de bons résultats.»

La plupart des chansons traditionnelles pour les enfants sont chantées avec des expressions qui accentuent et révèlent leurs significations aux petits. Les gestes d'accompagnement ont le même objectif. Plusieurs parents, par exemple, connaissent *Alouette*, une chanson populaire faisant appel à toutes les parties du corps et pouvant, avec un peu d'imagination, être transformée à l'infini.

Betty Flint explique que «l'exagération dans les gestes, le ton de la voix et les expressions ajoutent de l'effet et de l'enthousiasme, et aident l'enfant à s'impliquer dans la chanson. Il y a également une large gamme d'émotions exprimées dans les chansons pour les enfants, de l'humour au drame en passant par les berceuses réconfortantes.»

Les anciennes chansons et comptines enseignent aussi aux enfants un peu de leurs antécédents culturels. Elles débordent d'éléments du folklore et des contes qui sont la base des traditions littéraires des adultes. De plus, elles leur enseignent les cadences et les inflexions du langage, des parties importantes de la communication.

Les rimes dans les chansons et les comptines aident aussi les tout-petits à faire l'acquisition du langage en renforçant leur mémoire. Quand vous en chantez ou en récitez une, vous attirez l'attention de votre enfant sur les différences et les ressemblances des deux mots qui riment ensemble. Les rimes l'aideront à se rappeler des strophes maintenant, et aussi plus tard quand il apprendra à lire et qu'il constatera que deux mots qui riment s'écrivent presque toujours de la même façon.

Anne-Lise Marchand fournit un exemple très émouvant de la magie des chansons et des comptines «à gestes». Sa fille Zoé souffre de paralysie cérébrale, et il était difficile au début de savoir ce qu'elle comprenait quand on lui parlait. Quand elle bougeait son bras un peu, comme quelqu'un qui dit «au revoir», Anne-Lise n'était pas sûre s'il s'agissait d'une tentative de salut ou d'un spasme involontaire.

A la suggestion d'un thérapeute, Anne-Lise s'est mise à chanter des chansons de folklore à sa fille. «Un jour en chantant, dit-elle, j'ai touché aux différentes parties du corps de Zoé à mesure qu'elles étaient nommées dans la chanson et j'ai terminé en la chatouillant.» Après quelques répétitions de la chanson, Zoé a commencé à anticiper ce qui suivait: elle soulevait la main pour faire caresser sa paume et tournait sa tête pour présenter une oreille puis l'autre. Quand la partie des chatouilles approchait, elle se mettait à rire. «C'était un moment merveilleux pour moi, explique Anne-Lise. Je me suis non seulement rendu compte qu'elle comprenait, mais aussi qu'elle aimait ça. C'était très excitant pour nous deux.»

Nous avons la chance d'avoir accès à beaucoup de chansons, traditionnelles et contemporaines, que nous pouvons apprendre à nos enfants. (Et si vous aimez y ajouter des gestes et qu'une chanson n'en a pas, inventez-en.) «Chanter des chansons à gestes ensemble est extraordinaire, à la fois pour les parents et les tout-petits, affirme Betty Flint. Chanter ne fait plus assez partie de notre culture: nous ne chantons plus nous-mêmes et nous contentons d'écouter ceux qui le font pour nous. Mais quand on commence à chanter avec ses enfants, on découvre qu'on aime beaucoup cela.»

Les jeunes enfants constituent un très bon auditoire. Jamais votre tout-petit ne se plaindra de vos fausses notes ou de vos pertes de mémoire pour les paroles d'une chanson. Il pense que c'est le meilleur spectacle en ville parce que, pour lui, vous représentez ce qu'il y a de mieux.

?
information

«Mais je ne connais pas de chansons!»

Les parents qui ont oublié les chansons et les comptines de leur enfance trouveront dans les magasins de jouets, les librairies et les boutiques de vidéos quantité de livres, de vidéos et de disques qui les leur remettront en mémoire et leur en apprendront beaucoup d'autres. Des suggestions:

- *Les plus belles chansons du temps passé*, Paris, Hachette jeunesse, 1995.
- *101 chansons de toujours*, préface de Henri Dès, Paris, Editions Bayard, 1998.
- *Carmen Campagne*, CD, cassettes et vidéos.

Plusieurs musiciens et chanteurs proposent des chansons accompagnées de gestes. Certaines sont très adaptées mais beaucoup sont trop rapides pour les tout-petits. Alors apprenez-en une ou deux et répétez-les à votre petit sur un rythme plus lent.

Moi et l'autre
les débuts de la sociabilité

Je me promène sur le trottoir devant la maison avec mon fils Julien (19 mois) et nous rencontrons notre voisine accompagnée de deux enfants: sa fille Laurence (16 mois) et son ami Guillaume (20 mois). Pendant que nous bavardons, elle et moi, les tout-petits se regardent d'un air solennel. Finalement, Guillaume prend un des chariots en plastique sur notre pelouse et commence à le pousser sur le trottoir. Laurence et Julien se jettent tout de suite sur le second chariot et se tiraillent pour se l'arracher, jusqu'à ce que je sorte un autre jouet à pousser de la maison. Bientôt les trois enfants se promènent chacun avec leur jouet, très absorbés. En gros, ils imitent le jeu des autres mais sans aucune interaction. Par contre, une partie du plaisir de leur jeu semble provenir de la compagnie de leurs semblables.

On appelle cela du «jeu en parallèle», le jeu social classique des jeunes enfants de cet âge. Ce n'est pas tout à fait jouer «avec» les autres, mais ils sont quand même conscients de leur présence. Les tout-petits aiment jouer parmi d'autres enfants de leur âge, même si selon nos standards d'adultes, ils semblent s'ignorer.

«Nous faisons souvent trop d'efforts pour que les enfants deviennent sociables très tôt», dit le professeur Sue Martin, spécialiste du développement des jeunes enfants. Pour elle, il n'est pas réaliste de s'attendre à ce qu'un tout-petit puisse maîtriser les échanges complexes (comme le partage, l'alternance ou la négociation des «règles» d'un jeu) qui caractérisent les interactions des personnes plus matures. «A cet âge, les enfants ne sont guidés que par leur propre perspective. Ils ne peuvent pas éprouver d'empathie pour le point de vue d'un autre enfant ou raisonner sur la manière de régler un conflit. Et pour compliquer encore les choses, les tout-petits ne parlent presque pas et ne se comprennent à peu près pas entre eux.»

Devriez-vous donc éviter à votre tout-petit toute rencontre avec des enfants de son âge? Pas du tout. Le jeu en parallèle recèle une richesse inattendue, comme l'a observé T. Berry Brazelton. Dans son livre *Points forts*, il écrit: «Il est merveilleux de regarder deux enfants de cet âge qui jouent tout près l'un de l'autre... On dirait qu'ils ne se regardent jamais. Pourtant, ils... semblent absorber les caractéristiques du jeu avec leur vision périphérique. Des séquences entières de jeu avec les jouets et de communication sont répétées. Une imitation aussi systématique génère beaucoup d'apprentissage très valable.»

Ce genre d'apprentissage ne se produit toutefois que si l'enfant est assez à l'aise pour s'absorber complètement dans son jeu. C'est pourquoi il est important de toujours tenir compte du tempérament propre de votre enfant. Certains tout-petits entrent sans hésitation sur le terrain de jeux, s'installent dans le carré de sable et se mettent à jouer avec plaisir, heureux d'être parmi une foule d'enfants. Mais d'autres trouvent un groupe d'enfants inconnus très intimidant et préfèrent jouer avec un ou deux amis seulement, ou après un long moment de «réchauffement» sur les genoux de papa ou de maman.

A cet âge, les tout-petits sont incapables de résoudre leurs conflits intérieurs. Leurs talents pour la négociation se résument généralement à agripper, à crier et à donner une bonne poussée. Il faut donc que les parents facilitent les contacts et préviennent les conflits. Pour faciliter de bons rapports, mettez une quantité suffisante de jouets et de jeux à leur disposition et exercez une vigilance constante pour remarquer les petits problèmes avant qu'ils ne tournent au drame.

Il y a cinquante ans environ, les premiers spécialistes des catégories de jeux d'enfants croyaient que les tout-petits étaient essentiellement limités au jeu en parallèle jusqu'à l'âge de trois ans et demi. Mais les premières étapes vers le jeu interactif peuvent en fait être observées beaucoup plus tôt:

Un autre jour, Julien et Laurence sont ensemble dans le carré de sable. Encore une fois, c'est un jeu en parallèle classique: chacun creuse avec une petite pelle de plastique, mais ils ne jouent pas ensemble. Ah non? Je vois soudain Julien qui s'étire et verse une pelletée de sable dans le seau de Laurence. Elle relève la tête et ils se regardent dans les yeux. Prudemment et délibérément, elle pose sa pelle, prend son seau et le tend à Julien. Il creuse de nouveau et verse du sable dans le seau qu'elle lui tend. Ils se sourient l'un à l'autre avec plaisir. Ils ont inventé un jeu!

«D'une certaine façon, Piaget et les autres spécialistes du développement des enfants ont sous-estimé les capacités des enfants, commente Sue Martin. En particulier, ils n'ont pas beaucoup étudié l'interaction entre les enfants et les adultes qui s'en occupent.» Il existe une grande différence entre la manière dont les enfants jouent, d'une part, avec leurs pairs et, d'autre part, avec les membres de la famille ou d'autres intimes. Avec ces guides en qui ils ont confiance, ils font leurs premières expériences d'un jeu coopératif plus complexe.

Julien vient tout juste d'apprendre une ronde à la fin de

laquelle tout le monde tombe assis par terre. «Main, main!» demande-t-il en me prenant la main pour recommencer une autre fois. Quand son frère entre dans la pièce, Julien accourt tout de suite vers lui, le prend par la main et l'entraîne dans le jeu. Nous tombons ensemble sur le sol encore et encore à la fin de chaque reprise, mais je chorégraphie discrètement les trajectoires d'atterrissage pour que personne ne se blesse.

Alors que des jeux plus structurés sont plus amusants et plus valables, ils relèguent cependant les jeunes enfants davantage dans un rôle secondaire. Tandis que lorsqu'ils jouent seuls, les tout-petits peuvent suivre leurs propres idées, sans les contraintes des règles ou les attentes des autres. Durant le jeu en parallèle avec un compagnon agréable, ils ont souvent le meilleur des deux mondes: un jeu ouvert qu'ils peuvent diriger, accompagné du plaisir et de l'apprentissage qui découle des interactions sociales même les plus embryonnaires.

trucs & conseils

De bonnes activités de jeu en parallèle pour les tout-petits

Vous attendez aujourd'hui trois tout-petits, qui viennent chez vous pour jouer avec votre enfant. Mais vous ne disposez pas de *quatre* véhicules jouets qu'ils pourraient conduire. Comme ces petits ne savent pas encore très bien jouer chacun leur tour avec le même jouet, que pouvez-vous leur proposer d'autre? Quelques suggestions:

- Pâte à modeler: quatre chaises, quatre boules de pâte et deux ou trois instruments ou gadgets pour chacun.
- Dessin en groupe: avec du ruban adhésif, fixez de grandes feuilles de papier sur la table ou sur le sol et divisez les marqueurs entre chacun.

- Déguisements: pas besoin de costumes chics à cet âge. Une variété de vieux vêtements, chapeaux et écharpes et un grand miroir feront l'affaire.
- Jeu de construction: avec une grosse boîte de Duplo ou de cubes de bois.
- Jeux de sable ou d'eau à l'extérieur (s'il fait beau): avec un bon assortiment de pelles, seaux, arrosoirs et jouets pour le bain.
- Un goûter au bon moment: servez des aliments en petits morceaux, qui se mangent avec les doigts.

Un entourage à connaître

sociabilité et communication

Bien sûr, votre enfant est déjà très attaché à ses parents. Passionnément même! En découvrant maintenant le monde à l'extérieur du cercle familial, il commence aussi à comprendre comment communiquer avec d'autres personnes: les membres de sa famille plus éloignée, les gens qui s'occupent de lui, les enfants qu'il rencontre.

Les autres enfants surtout l'attirent beaucoup. Comment faire la connaissance d'un nouvel ami et s'entendre avec lui, quand ni l'un ni l'autre ne peut encore beaucoup parler? Les tout-petits aiment bien la compagnie de leurs pairs, mais ces rencontres sont souvent ponctuées de pleurs et de conflits. Malgré tout, leur comportement n'est pas «agressif» ou «méchant». Il rappelle plutôt celui de deux personnes malhabiles à leur première tentative de danser ensemble.

Les tout-petits traversent des périodes durant lesquelles ils sont plus ou moins aventureux. Un jour, ils disent bonjour à tous ceux qu'ils rencontrent, ravis quand on leur répond et tristes quand on les ignore. Un mois plus tard, ils sont beaucoup plus réservés et se cachent le visage quand un gentil voisin leur pose une question.

Grâce à ses succès et à ses déboires en société, vous avez déjà une bonne idée du profil social de votre enfant. Certains tout-petits se lancent avec enthousiasme dans un groupe d'enfants, puis saluent les nouveaux arrivants en les embrassant chaleureusement. D'autres sont moins extravertis: ils sont facilement intimidés par un groupe de personnes et ne parlent qu'à celles qu'ils connaissent bien. Mais ne vous inquiétez pas: les deux, introvertis et extravertis, peuvent avoir des relations intimes satisfaisantes avec les autres. Laissez votre tout-petit s'approcher des autres à sa façon, et sa sociabilité se développera.

«Ba, be, bi, bo, bu...»
l'apprentissage du langage

Apprendre à marcher, avec tous ses dangers, est peut-être un exploit plus spectaculaire du tout-petit, mais son acquisition du langage représente une réussite encore plus admirable. Après des mois à pointer du doigt ou à crier pour obtenir ce qu'il voulait, le petit Victor réclame soudain calmement un «bicui». Impossible de refuser! *Mais comment a-t-il donc fait?*

Gordon Wells, professeur en sciences de l'éducation, a longuement étudié l'acquisition du langage par les enfants. Il affirme qu'aucune autre tâche entreprise au cours de notre vie ne peut se comparer au travail énorme qui consiste à apprendre à parler. Mais ce «bicui» est venu de quelque part, après tout. Les nouveaux mots de Victor, et plus tard ses expressions et ses phrases, proviennent de son exploration du langage depuis sa naissance.

Vous sentiez-vous un peu ridicule pendant que vous parliez à votre bébé de quatre mois en changeant ses couches? Pourtant, c'est cette riche «soupe de mots» entendue par le jeune enfant qui l'oriente vers les sons, les cadences et les accents de sa langue maternelle. Chaque fois que vous répondiez à un des signes rudimentaires de votre petit (cri, sourire ou main tendue), vous lui avez appris comment les gens communiquent.

La plupart des bébés prononcent un «vrai» mot aux environs de leur premier anniversaire. Dans ce domaine comme dans beaucoup d'autres, chaque enfant est différent. Entre un an et deux ans, ce que votre tout-petit peut dire est moins important que ce qu'il *comprend.* «Il n'est pas rare pour les enfants de deux ans de ne pouvoir prononcer que quelques mots, explique Gordon Wells. Mais s'ils semblent comprendre ce qu'on leur dit, il n'y a pas lieu de s'en inquiéter.»

Les parents n'ont pas besoin «d'apprendre» à leurs enfants à parler. Et il ne faut surtout pas essayer d'accélérer leur propre rythme d'apprentissage en les poussant à parler tôt. Mais vous pouvez contribuer à transformer son acquisition du langage en une aventure amusante et satisfaisante.

Le langage relève avant tout de la communication et non d'un vocabulaire très riche. Pour Gordon Wells, le meilleur encouragement que les parents puissent offrir est de montrer à leur enfant qu'il réussit à communiquer et qu'il se fait comprendre. Ses conseils:

Soyez convaincu de l'importance du message de votre enfant et montrez-le par votre attitude. Pour vous y aider, pensez à votre frustration si vous tentiez de parler à un serveur dans une langue étrangère et que celui-ci ne faisait pas d'efforts pour vous comprendre.

Les premiers mots d'un jeune enfant sont souvent incompréhensibles, alors *assurez-vous de comprendre ce que votre petit veut dire avant d'agir.* Autrement dit, confirmez avec lui que «bicui» signifie bien «biscuit» avant de lui en tendre un.

Quand vous répondez, *confirmez à votre tout-petit que vous avez compris son message.* Certains d'entre eux l'exigent. Si vous ne dites pas «Oui! C'est un chien!» avant d'ajouter «Il est mignon, n'est-ce pas?», ils répéteront obstinément «chien, chien!» jusqu'à ce que vous le fassiez.

Répéter le message d'un enfant est aussi une façon naturelle et diplomate de l'aider à apprendre. Plutôt que de le corriger, faites-lui simplement entendre comment *vous* prononcez et utilisez ce mot ou cette expression. Son aptitude pour l'imitation lui permettra de raffiner graduellement son langage.

Plusieurs parents se demandent s'ils doivent employer un «langage de bébé» avec leurs petits. Les experts semblent s'accorder pour dire qu'il vaut mieux simplifier *un peu* vos paroles pour aider votre enfant à comprendre. «Parlez-lui simplement, explique Gordon Wells. Mais si vous n'allez jamais au-delà des mots qu'il connaît déjà, il ne pourra pas apprendre grand-chose.»

Rappelez-vous que les enfants comprennent beaucoup plus qu'ils ne peuvent exprimer. Ils apprennent autant de vos paroles que de vos inflexions de voix et de votre langage non verbal. Parlez de façon naturelle de la situation actuelle à votre tout-petit (le sable sur ses mains ou le repas que vous lui préparez, mais pas des projets pour la semaine prochaine), et sa curiosité naturelle fera le reste pour l'aider à comprendre.

Par contre, plusieurs petits inventent leurs propres mots en «langage de bébé». Ces délicieuses variantes amusent bien sûr les parents. Il n'y a pas de mal à intégrer certaines de ces expressions pour un temps au vocabulaire de la famille («Je veux porter un *papalong*!»).

Essayez de stimuler le plaisir que prend votre tout-petit aux sons du langage. Il s'intéresse peut-être tout à coup à la musique et vous surprend en chantant avec conviction une chanson que vous écoutez souvent. Ou il aime que vous lui chantiez une berceuse favorite pour qu'il ajoute lui-même les rimes, et il commente les illustrations d'un livre qu'il regarde avec vous. Ou encore des histoires simples avec des paroles répétitives ou des sons amusants provoquent sa participation enthousiaste. Votre petit n'a pas besoin de comprendre tous les mots pour aimer les entendre!

Quand un jeune enfant fait le lien entre un concept et son symbole verbal, ce mot peut devenir une de ses charmantes obsessions. «Autos!» crie-t-il en les pointant du doigt triomphalement dans la rue, les magazines et les boutiques de jouets. De plus, le sens de l'humour de votre tout-petit se développera en même temps que sa capacité de parler. La blague préférée d'un enfant de notre connaissance est d'insister sur le fait que son papa est un chien («Chien-chien, Pa-pa. Wouf-wouf!»).

Un enfant qui commence à parler entreprend une courageuse aventure dans le monde de la communication humaine et nous invite à partager ses pensées. Quant à nous, ses interlocuteurs, nous n'avons qu'à accepter joyeusement son invitation à communiquer. Rien de plus facile, mais c'est pourtant d'une importance primordiale.

trucs & conseils

L'aîné comme professeur

Le premier mot de quatre syllabes de mon deuxième enfant a été «ectoplasme». Où diable un petit de deux ans peut-il avoir appris cela? Avec son frère de six ans et *S.O.S. Fantômes* à la télévision, tout simplement. Ne soyez donc pas surpris si votre cadet utilise un langage pour le moins inhabituel!

Pour l'acquisition du langage, les aînés sont à la fois des interprètes inspirés et des entraîneurs impitoyables. T. Berry Brazelton affirme dans *L'âge des premiers pas* que les frères et sœurs «corrigent, enseignent et font répéter à leur cadet les mots et les expressions jusqu'à la perfection... ce qui peut créer une certaine tension». Observez de loin ces échanges; l'aîné a parfois besoin qu'on lui rappelle que trop de corrections peuvent décourager, et que les bébés doivent apprendre à leur propre rythme.

le saviez-vous?

Y a-t-il un problème?

Un problème d'audition non diagnostiqué peut entraîner de sérieux retards dans l'acquisition du langage. Demandez à votre médecin d'examiner l'audition de votre enfant d'un an si:

- il ne babille pas,
- il ne s'intéresse pas aux sons qui l'entourent (avions, oiseaux, musique),
- il ne répond pas à vos questions ou directives simples.

Entre deux et trois ans, le langage de votre enfant s'enrichit beaucoup. Si le développement de son langage vous préoccupe, consultez d'abord son pédiatre. Les jeunes enfants ayant de graves retards de langage peuvent ensuite être adressés à un spécialiste pour une évaluation.

La peur des autres
timidité et manque d'assurance

La petite Lisa, deux ans, se cache derrière le canapé du salon chaque fois que ses grands-parents viennent chez elle. Quand elle fait les courses avec ses parents et qu'un inconnu lui adresse la parole (même d'une façon douce et amicale), elle se met à pleurer. Pendant l'heure du conte à la bibliothèque, la fillette ne veut même pas regarder la dame qui lit le conte à haute voix. «Je suppose qu'elle est timide», admet sa maman.

Même si Lisa est timide actuellement, elle ne le sera peut-être pas toujours. La plupart des parents de tout-petits ont fait l'expérience de périodes occasionnelles de timidité, où l'enfant enfouit sa tête dans l'épaule de papa ou maman et refuse de regarder sa gentille tante. Plusieurs récupèrent vite toutefois et redeviennent très enjoués et sociables. Mais pour d'autres, la timidité fait partie inhérente de leur personnalité, et ils continuent d'être mal à l'aise en présence de personnes inconnues ou même parfois connues.

La fille de Léonore Pelletier, Catherine, était, selon sa mère, «timide depuis la naissance. Toute petite, elle devait rester en contact physique avec moi tout le temps pour se sentir en sécurité parmi d'autres personnes. Quand on allait chez des amis, je ne m'inquiétais jamais de Catherine parce qu'elle était toujours à côté de moi ou sur mes genoux.»

Quand quelqu'un s'adressait directement à Catherine, il lui arrivait de pleurer, surtout si la personne était un homme avec une grosse voix. Et même parmi des adultes qu'elle connaissait assez bien, la fillette n'osait pas leur parler directement. Elle chuchotait plutôt à son frère ou à un autre enfant et lui demandait de faire passer le message.

La timidité de Catherine la paralysait parfois complètement. Par exemple, elle adorait ses oncles bruyants et exubérants et attendait toujours avec impatience leurs visites. Mais lorsqu'ils entraient dans la maison, elle courait invariablement se cacher dans sa chambre.

«Dans ces moments-là, il n'y avait qu'à regarder son visage pour savoir qu'elle ne pouvait pas se maîtriser, dit Léonore. Je la prenais dans mes bras et je sentais son petit cœur battre très fort: elle était terrifiée. Je crois que les parents doivent savoir que c'est simplement un trait de personnalité chez certains enfants et non pas parce qu'ils ont trop couvé leur enfant ou fait quelque chose de mal.»

A deux ans, Nicolas Beaudry semblait timide avec les autres enfants. «Quand il allait jouer au centre municipal ou dans le parc, dit sa mère Armelle, il évitait les enfants qu'il ne connaissait pas. Il ne grimpait pas sur les structures de jeux si d'autres petits s'y trouvaient déjà. Et il se mettait si loin dans la queue pour le toboggan que les autres passaient devant lui et il n'aurait jamais glissé si je ne l'avais pas aidé à garder sa place.» Plus tard à la crèche, Nicolas a continué d'être timide. Il ne s'y est fait qu'un ou deux amis et il ne se joignait jamais aux enfants qui jouaient en groupe avec les cubes ou la pâte à modeler. Il attendait toujours qu'ils soient partis pour y aller avec un ami.

Maintenant à l'école primaire, Nicolas fait partie d'un grand groupe d'amis bruyants. «On ne le décrirait jamais aujourd'hui comme un garçon "timide", remarque sa maman.

En fait, il semble plutôt extraverti et a même tendance à trop faire le clown en classe.»

Que la timidité d'un tout-petit soit un trait inné de sa personnalité ou une phase temporaire, ses parents peuvent l'aider en respectant ses sentiments et en essayant de dissiper son malaise, mais sans le pousser. Sybille Asher, directrice de crèche, explique: «Il n'est jamais productif de les confronter, cela rend les enfants encore plus réservés. Ils ont besoin en fait d'être acceptés comme ils sont et encouragés, mais sans pressions inutiles.»

Léonore a vite compris qu'il était inutile de punir Catherine ou de l'obliger à être plus sociable. Puisque la fillette restait calme tant qu'elle était près de sa mère, celle-ci a continué de l'amener chez des amis, des parents ou à des activités municipales, mais elle la gardait toujours avec elle. Elle a demandé à ses parents et amis de donner un peu de temps à Catherine pour se «réchauffer» avant de lui parler, de la prendre dans leurs bras ou de l'entraîner dans une activité.

A la crèche, Sybille Asher et son personnel collaborent avec les parents pour aider les enfants timides à s'adapter. Elle pense que pour ceux-ci, la constance est très importante. Les tout-petits ont besoin de savoir ce qui va arriver et quelles personnes vont s'occuper d'eux. Souvent, ils essaient de leur donner un enfant plus extraverti et déjà familier avec la crèche comme compagnon, pour lui montrer «comment ça se passe».

Pour Sybille Asher, le plus important est une attitude d'acceptation. «Il faut laisser faire un enfant qui préfère rester assis et observer les autres. Il n'est pas obligé de se joindre au groupe et de participer. Les enfants timides ont tendance à rester timides, mais ils deviennent graduellement plus à l'aise et moins timides, à leur rythme et à leur manière.»

Maintenant âgée de sept ans, Catherine est bien d'accord. «Je suis encore timide», dit-elle. Mais dans la plupart des situations, elle semble avoir confiance en elle et être à l'aise. C'est exactement le but, selon sa maman, que devraient chercher à atteindre tous les parents d'enfants timides.

trucs & conseils

Présenter une nouvelle personne

Certains enfants sont bien sûr très timides, mais Penelope Leach croit que la «peur des étrangers» chez les jeunes enfants provient souvent de la manière dont les adultes abordent les enfants. «Nous ne nous précipitons pas nous-mêmes sur des adultes inconnus, ou même nos amis, pour les embrasser et les mettre sur nos genoux, dit-elle. Nous serions très mal à l'aise si quelqu'un se comportait comme ça avec nous!» Connaître quelqu'un, ajoute-t-elle, prend du temps et de la sensibilité. Trop souvent, on pousse les tout-petits dans une intimité pour laquelle ils ne sont pas prêts. Voici ce qu'elle propose plutôt.

- Restez derrière et laissez le tout-petit faire le premier geste. Si vous ne lui faites pas peur, sa curiosité et sa sociabilité prendront vite le dessus.
- N'ignorez pas l'enfant. Certaines amitiés sont tuées dans l'œuf parce que l'adulte ne remarque pas les tentatives de rapprochement de l'enfant.
- Ne présumez pas que le tout-petit se rappelle de vous. «Il faut que vous le voyiez assez souvent pour qu'un enfant de cet âge vous considère comme un intime, dit Penelope Leach. Des grands-parents, par exemple, qui ne rencontrent leur petite-fille qu'une fois par mois, devront peut-être se montrer patients et l'apprivoiser de nouveau

chaque fois.» Plus tard, quand la petite pourra reconnaître ses grands-parents sur une photo et s'en souvenir en parlant d'eux, il y aura plus de continuité dans leur relation.

Une visiteuse bien acceptée

Voici un bon exemple, raconté par Sandrine Lanoux:

«Mes deux premiers fils étaient "lents à se réchauffer" avec de nouvelles personnes à cet âge. Sauf avec Gabrielle, une amie d'une autre ville, qui nous rendait visite de temps à autre et avait toujours beaucoup de succès avec notre "tout-petit de l'année". Voici un scénario qui montre comment elle s'y prenait pour l'attirer:

Gabrielle arrive à la porte. On s'embrasse, elle et moi, j'accroche son manteau et on s'assoit dans le salon, avec mon fils Tristan dans mes bras. Gabrielle salue Tristan par son prénom, mais sans rien dire d'autre. On discute toutes les deux pendant un moment, et Tristan descend éventuellement de mes genoux, se promène et joue autour de nous. Il fait l'indifférent, mais il surveille Gabrielle pendant son jeu.

Peu après, il arrive à côté d'elle avec un ballon. Gabrielle le remarque: "Qu'est-ce que c'est, Tristan?" "Ba-on!" dit-il en le déposant sur elle et en s'enfuyant. Bientôt, il revient avec un ours en peluche qu'il dépose à côté du ballon. La troisième fois, Gabrielle tend la main: "Merci, Tristan. Veux-tu me montrer ton livre?" Elle s'assoit sur le sol et tourne les pages. Mon fils s'installe à côté d'elle et lui indique ses animaux préférés. C'est presque le coup de foudre!»

Les petits durs
atténuer l'agressivité

Vous avez entouré votre petite Yasmine d'amour et d'attention depuis sa naissance. Puis un jour, votre adorable et douce fillette se précipite sur le garçonnet de vos voisins et lui mord le bras. Une semaine plus tard, vous la voyez frapper son cousin parce qu'il joue avec le jouet qu'elle convoite. Que se passe-t-il donc?

«Quand vous demandez à des parents de décrire le comportement de leurs tout-petits, plusieurs se disent inquiets de leur agressivité. Et la plupart en sont très surpris: ils n'auraient jamais pensé que leurs enfants agiraient ainsi», explique Elisabeth Levin, professeur de psychologie. «Mais en fait, de tels comportements agressifs sont normaux et fréquents.»

Les tout-petits sont par nature des créatures très «physiques». Ils ne possèdent pas l'habileté verbale pour exprimer leurs sentiments de frustration et de colère, alors ceux-ci se manifestent chez eux d'une manière très concrète. Il arrive à Yasmine de lancer un jouet quand elle ne sait pas comment le faire fonctionner. Lorsqu'un autre enfant ne fait pas ce qu'elle veut, elle explose souvent de colère et le frappe.

Les enfants de ce groupe d'âge ne sont pas vraiment conscients de l'impact de leurs actions sur les autres. Quand on lui dit que son petit copain est en train de pleurer parce qu'il l'a frappé avec un camion jouet, un tout-petit ne peut pas comprendre les sentiments de l'autre enfant. Il lui faudra plusieurs explications simples («Ça fait mal à Frédéric!») et plus d'expérience avant que la vérité, pourtant évidente pour nous (quand vous frappez quelqu'un, il se sent comme vous quand vous recevez un coup), le soit aussi pour lui.

Elisabeth Levin ajoute que ce sont les tout-petits les plus sociables avec les autres enfants qui ont tendance à être plus agressifs. Mais cette «agression» apparente n'est pas méchante. Comme des chiots trop enthousiastes, ces petits agissent avec trop de force. Avec le développement de leur connaissance des échanges et des concessions nécessaires dans les relations avec les autres, cette approche de «petit dur» envers leurs amis disparaîtra.

Comment agir devant un tel comportement? Devez-vous rester tranquillement assis pendant que Jacob martèle le dos d'Alyssa pour lui prendre ses jouets, en vous disant qu'il va bientôt changer? «Même si ce comportement est normal, les parents ne doivent pas le tolérer, conseille Elisabeth Levin. Il est aussi important de ne pas réagir vous-même agressivement, parce qu'alors vous copiez son comportement. Essayez d'éloigner l'enfant du conflit ou de changer d'activité. Exprimez votre désapprobation de façon calme et amicale.»

Une vigilance constante est essentielle. Si vous vous doutez que votre tout-petit mordra ou frappera un autre enfant, restez près de lui et surveillez-le, *avant* qu'il le fasse. Tentez de discerner les situations qui l'excitent trop. Il s'entend peut-être mieux avec les autres au parc que dans une salle de jeux, quand il y a moins d'enfants ou que le jeu libre est entrecoupé d'activités calmes supervisées par les adultes, comme la lecture ou le dessin. Chaque expérience réussie d'entente avec les autres et tous les exemples de jeu «gentil» auxquels il assiste l'aideront à contrôler son agressivité. Et le temps aussi.

Un comportement agressif chez de très jeunes enfants ne signifie pas qu'ils continueront à être agressifs en grandissant (quoique certains, bien sûr, le resteront). Quand Justin est devenu, à deux ans, autoritaire et agressif avec son petit copain Clément, une certaine tension est apparue entre les deux mamans pendant leurs rencontres hebdomadaires.

«Quand notre chiot nous mordait, on nous a conseillé beaucoup d'exercice et des jouets à mâchouiller, d'éviter les jeux agressifs qui l'excitent trop et aussi d'arrêter de jouer dès qu'il essaie de mordre. Je pense qu'on a appliqué à peu près la même méthode avec notre tout-petit!»

«C'était très stressant, admet Martine, la maman de Clément. Justin le tirait et le poussait, et mon fils a commencé à jouer la victime en se mettant à pleurer dès que Justin semblait sur le point de faire quelque chose. Comment régler ce problème? Je voulais bien sûr protéger mon enfant et j'étais embarrassée pour mon amie... Heureusement, ni Aline ni moi n'avons eu de réaction exagérée. Mais pendant quelques mois, on ne pouvait pas bavarder en paix quand on se rencontrait, parce qu'on jouait les médiatrices presque à temps plein.»

Même si, dans un tel cas, certains parents décident de chercher plutôt un autre ami pour leur enfant, ces deux mères ont décidé de continuer à se fréquenter avec leurs tout-petits. «On a simplement passé plus de temps à jouer avec les enfants pendant une période, explique Aline. On voulait rester amies, et ça valait la peine d'endurer un petit conflit.»

Leur patience et leur vigilance ont donné de bons résultats. A mesure que Justin et Clément sont devenus plus «verbaux», l'agressivité de Justin a disparu. Celui-ci n'a plus jamais été agressif non plus avec d'autres enfants. Les deux garçons ont maintenant 11 ans et sont les meilleurs amis du monde.

Quand les parents comprennent que l'agressivité est normale chez les tout-petits et rarement une cause d'inquiétude, ils sont en mesure de régler le problème sans se mettre en colère. C'est très important, parce que les enfants ont besoin de parents calmes pour les ramener sur le chemin du développement de la maîtrise de soi et de l'expression des frustrations par des mots et non par des actions.

le saviez-vous?

Plus qu'une mauvaise phase?

Quand le comportement agressif d'un tout-petit doit-il vraiment inquiéter ses parents? La psychologue Elisabeth Levin conseille de considérer l'agressivité dans le contexte global de la vie de l'enfant.

- Se produit-elle surtout avec un ami en particulier ou à un certain moment (par exemple s'il est affamé ou fatigué)?
- A-t-elle débuté juste après des changements dans la famille, comme la naissance d'un nouveau bébé par exemple?
- L'enfant est-il autrement heureux et joyeux?

Si c'est le cas, ce comportement agressif n'est pas trop inquiétant.

Toutefois, si vous constatez que votre enfant frappe plusieurs personnes dans un grand nombre de situations et que ses attaques semblent plus fréquentes, il vaut mieux consulter. «C'est peut-être un enfant plus lent à développer sa maîtrise de soi, dit Elisabeth Levin, mais il devrait quand même être examiné par un spécialiste.»

le saviez-vous?

Quand un enfant mord...

Peu d'actions agressives déconcertent autant les parents qu'un enfant qui mord. Mais pour celui-ci, ce n'est guère différent de frapper ou de pousser. La frustration et la stimulation excessive peuvent déclencher l'envie de mordre chez certains enfants. La prévention peut donc aider à régler ce problème. «Simplifiez la situation, conseille l'éducatrice Cathy Lynn. Moins d'enfants, des périodes de jeux plus courtes, des "arrêts repos" avec un parent ou un autre adulte plus fréquents, moins de partage des jouets: tout cela peut diminuer le quotient de frustration et permettre aux adultes de suivre la situation de plus près. Si votre tout-petit a l'habitude de mordre, restez près de lui quand il joue avec d'autres enfants et éloignez-le dès que vous voyez une situation à risque.»

Surtout, il ne faut pas mordre l'enfant à votre tour pour lui donner une leçon. «Ce n'est pas une bonne idée, parce que ça reprend un comportement que vous voulez éliminer, dit Cathy Lynn. Même si cela fonctionnait, cela reste une chose horrible à faire!»

La plupart des morsures de jeunes enfants ne causent pas de dommages durables. Mais si une morsure déchire la peau, il y a un grand risque d'infection. Lavez bien la blessure avec de l'eau et du savon et consultez un médecin. Celui-ci vérifiera que l'enfant a reçu une immunisation contre le tétanos et demandera qu'on lui rapporte tout symptôme d'infection par la suite.

«C'est à moi!»
apprendre à partager

«*Non-non, Ri-ri, mon camion!» Le petit Jérémie (20 mois) se précipite pour enlever son précieux camion des mains de son camarade, le même camion qu'il partage pourtant sans problème depuis six mois. Les quinze minutes suivantes sont très agitées. Jérémie tente désespérément de récupérer chaque jouet que Richard touche en dépit de ses protestations véhémentes. Finalement, un goûter et une boule de pâte à modeler viennent rétablir la paix. Très intéressé par ce nouveau jeu, Jérémie oublie alors de garder ses jouets. Et sa maman devient moins embarrassée par le comportement de son fils, surtout quand les autres enfants de son groupe d'amis commencent à faire la même chose avec leurs jouets.»*

Pascale Tremblay connaît très bien cette situation. «La première fois qu'on a vu Mégane agir comme ça, on a pensé qu'elle était devenue un petit tyran égoïste. Maintenant, on sait que c'est normal.» Pascale se souvient qu'à cet âge, elle et ses amis jouaient plutôt «en parallèle». «De nos jours, ils apprennent à jouer ensemble, et il y a donc plus de bagarres et de tiraillements. On se rend bien compte que ce n'est pas la faute des parents, mais plutôt que ça fait partie du comportement des tout-petits.»

On peut toutefois se demander pourquoi. Est-ce donc si difficile de laisser les autres enfants jouer avec ses jouets, sa chaise ou même son papa? La psychologue Barbara Morrongiello explique que la possessivité est une des caractéristiques des tout-petits. «Cela provient de leur stade de développement cognitif, de leur compréhension du monde et de leur capacité de réflexion limitée.»

Contrairement aux bébés, les tout-petits sont en train de développer un sens de leur identité personnelle. Ils commencent à saisir le concept de la possession (quoique pour la plupart, «à moi» signifie plutôt «je l'ai» ou «je le veux»). Toutefois, ajoute Barbara Morrongiello, «ils pensent "à l'instant présent" au contraire d'un adulte qui peut réfléchir à l'avenir. Et leur réflexion est égocentrique, c'est-à-dire qu'ils sont incapables de penser aux sentiments de l'autre personne.» C'est pourquoi Jérémie n'est pas encore capable de se dire: «Je pourrai avoir mon camion plus tard. Il m'appartient toujours, même si mon ami s'en sert. Si je le lui enlève, il sera mécontent.»

«Je crois qu'il faut être patient et comprendre qu'il est difficile d'apprendre à partager», dit Marie-Claire Lambert, mère d'Elisabeth (deux ans) et d'Emilie (huit mois). Elisabeth est souvent très possessive avec sa sœur, lui arrachant ses jouets et insistant pour être embrassée la première quand leur maman vient les chercher à la crèche. Marie-Claire respecte le droit d'Elisabeth de se réserver certains jouets, mais elle l'encourage aussi à développer de meilleures tactiques. «Je lui indique que c'est plus amusant pour Emilie d'avoir aussi des jouets et lui suggère de lui donner le jouet ou d'en trouver un autre qu'Emilie aime. Je l'encourage à placer ses jouets là où le bébé ne peut pas les prendre et lui apprends comment distraire Emilie avec quelque chose d'autre si la petite se dirige vers ses jouets.»

Alice Davidson, coordonnatrice de crèches, voit tous les jours des tout-petits qui agrippent leurs jouets. «Ça dérange beaucoup les parents, dit-elle, mais un jeune enfant qui s'écrie "C'est à moi!" n'est pas égoïste mais plutôt égocentrique, ce qui est très sain. A deux ans, il doit être égocentrique.»

Lorsque les enfants se rencontrent pour jouer ensemble, cela se passera mieux si on planifie un peu. «Adoptez une stratégie qui respecte le besoin de votre tout-petit d'être possessif, suggère Alice Davidson. Avant l'arrivée de ses amis, dites-lui: "Tes amis viennent jouer avec toi aujourd'hui. S'il y a des choses spéciales que tu préfères ne pas leur montrer, on peut les cacher maintenant." Et essayez d'avoir certains jouets plus populaires en double (ou triple), en demandant par exemple à une amie de vous en prêter.»

«Mon fils aimait bien jouer au père Noël. Je faisais semblant de dormir pendant qu'il entrait avec un sac de petits jouets. Puis je me réveillais, admirais mes cadeaux, le remerciais beaucoup et les lui remettais tout de suite. Ça lui donnait le plaisir de partager, mais sans l'anxiété.»

Puisque les tout-petits ne comprennent pas bien «le futur», le principe de jouer chacun à son tour est un concept difficile à comprendre pour eux. «Je suis sûre que lorsqu'un autre enfant prend un jouet qui lui appartient, Mégane ne se rend pas compte qu'elle va le récupérer par la suite», dit Pascale. Même si les tout-petits ne sont pas capables de planifier et d'organiser une stratégie d'alternance pour les jouets, les parents du groupe d'amis de Mégane ont mis au point une routine qui semble bien fonctionner. «Les petits sont habituellement trois ou quatre à jouer ensemble, et parfois ils veulent tous le même jouet en même temps. Alors nous utilisons un chronomètre et chacun joue 30 secondes avec le jouet en question. (Au début, c'était une minute, mais l'attente était trop longue!) Ils savent à quoi s'attendre, et généralement ça marche très bien.»

On ne peut pas hâter l'horloge interne du développement d'un enfant, mais on peut introduire en douceur les valeurs et les concepts qui l'aideront à apprendre à partager quand il sera prêt. «Jusqu'à un certain point, le développement cognitif se déroule indépendamment de nos interventions, explique Barbara Morrongiello. Mais nous leur enseignons aussi la générosité, l'empathie et la responsabilité. C'est un processus très long. Parfois quand j'explique quelque chose à mon enfant de trois ans, je me dis: "Cette fois-ci il a un peu mieux compris. On construit petit à petit..."»

On peut comprendre que, dans leurs premières expériences avec la propriété et le partage, les tout-petits dépassent un peu les bornes au début. Il est important tout de même de respecter les fortes émotions qu'ils ressentent au sujet de leurs possessions. Comme l'indique Barbara Morrongiello: «Nous avons tous des choses spéciales que nous ne voulons pas partager, et ce sont des sentiments bien naturels.»

«De temps à autre, conclut Alice Davidson, il faut prendre la défense de votre enfant et dire: "Il n'est pas encore prêt à partager."»

trucs & conseils

Apprendre à partager

Même s'il faudra encore beaucoup de temps avant que votre tout-petit puisse partager de façon constante, vous pouvez tout de suite commencer avec la base.

- «On lui montre par l'exemple comment partager, explique Pascale Tremblay. Les petits ne savent même pas ce que signifie le mot "partage"! Alors je dis à ma fille: "Je vais partager mes tartines avec papa" ou "Aimerais-tu partager mon biscuit?". Puis je lui montre que je suis contente quand elle partage avec moi.»

- «On parle aussi des sentiments, ajoute Pascale. J'explique à Mégane ce que les autres enfants ressentent ("Christophe est triste, il voulait essayer la balançoire").»
- Alice Davidson suggère que les jeunes enfants s'habituent à des idées comme l'alternance et le partage grâce à des jeux simples et non menaçants avec leurs parents. Par exemple, choisir chacun son tour des costumes amusants pour se déguiser ou se passer plusieurs fois une assiette de biscuits (en utilisant les mots «ton tour» et «mon tour») sont des expériences qui peuvent préparer les tout-petits à mieux fonctionner en société.

Pas si terribles que ça

les tout-petits sont souvent gentils

C'est devenu une habitude de dire que les tout-petits sont *égocentriques*. On ne peut donc pas s'attendre à ce qu'ils partagent, soient justes ou se préoccupent des sentiments des autres, parce qu'ils ne sont pas encore capables de voir le monde avec le point de vue d'autrui. De l'empathie? De la considération? Ce n'est pas de leur domaine!

Lorsque les parents prennent conscience de cet état de fait, cela les aide à avoir des attentes réalistes envers leurs enfants. Par exemple, quand vous pensez avec irritation: «Ne peut-il pas voir que j'ai besoin d'être un peu seule?» Vous pouvez répondre que, non, il ne le peut pas. Les très jeunes enfants ne possèdent pas la capacité, en règle générale, de s'occuper des besoins des autres.

Et pourtant...

Catherine est ravie d'offrir à sa maman des morceaux de son goûter.

Xavier se précipite vers le lit du bébé quand il commence à pleurer. Il remonte sa couverture, le caresse un peu et le rassure: «Allons, allons, bébé, tout va bien!»

Tara sursaute et frappe accidentellement le menton de son papa. Elle lui donne un baiser délicat à cet endroit et demande: «Ça va mieux?»

Martin garde jalousement ses jouets et arrache à son ami

David tout ce que celui-ci touche. Mais quand David se met finalement à pleurer, Martin s'arrête net. Après quelques instants d'observation inquiète, il accourt vers David et lui présente le jouet qu'il voulait.

Ces enfants imitent-ils simplement des comportements dont ils ont été témoins ou commencent-ils réellement à réagir aux sentiments d'autrui?

«Il est très important de ne pas attendre trop des tout-petits», affirme la psychologue Jeannie Sayer, spécialiste du développement de l'empathie chez les enfants. «Pourtant, ajoute-t-elle, nous voyons déjà apparaître chez des enfants de cet âge les débuts de l'empathie et de la gentillesse.»

Jeannie Sayer explique que l'empathie (partager les émotions d'un autre) est souvent ce qui nous motive à agir gentiment envers une autre personne. Mais l'empathie peut aussi être une sensation inconfortable et bouleversante, spécialement pour des tout-petits qui ne font pas la différence entre le chagrin des autres et le leur. Il est important de savoir cela pour pouvoir comprendre leurs réactions parfois troublantes à la peine d'un autre:

Arielle pleure après s'être cogné le coude à la crèche. Son petit ami Eric va chercher le nounours de son amie et le lui apporte. L'éducatrice le félicite de son geste. Jessica, par contre, jette un regard affolé à Arielle et se met aussi à pleurer. Carine, elle, s'en va à l'autre bout de la pièce et tourne délibérément le dos à toute la scène. Quant à Zacharie, il devient si agité qu'il accourt vers Arielle et, en fronçant les sourcils, lui crie: «Arrête ça!»

Selon Jeannie Sayer, seul Eric a pu montrer de l'empathie et même penser à un geste gentil pour consoler. Jessica a compris les émotions d'Arielle, mais elles ont déclenché ses propres émotions, ce que la psychologue appelle une «contagion émotive». Enfin, dit-elle, Carine et Zacharie ont réagi avec une sorte «d'empathie qui a déraillé». La peine d'Arielle les a touchés, mais de façon si déplaisante qu'ils se concentrent à soulager leur propre anxiété soit en ignorant complètement toute la scène, soit en attaquant ce qui semble en être la source.

Ce qu'il ne faut pas oublier non plus, c'est que Jessica, Carine et Zacharie doivent *aussi* être réconfortés. «Ils ont besoin qu'on leur dise et leur montre qu'ils sont en sécurité même quand ils éprouvent ces sentiments, conseille Jeannie Sayer. Et il faut leur faire comprendre que c'est Arielle qui s'est blessée, pas eux.»

«Peu de temps après la naissance de mon deuxième bébé, j'ai eu la grippe et je me sentais très déprimée, avec deux jeunes enfants à la maison... jusqu'à ce que Léa, mon aînée de deux ans et demi, relève sa chemise et offre de m'allaiter pour me réconforter!»

Qu'est-ce que les parents, les éducateurs et les gardiens peuvent imaginer d'autre pour aider les tout-petits à faire l'apprentissage de l'empathie? Voici quelques suggestions simples de Jeannie Sayer:

La règle d'or. Les tout-petits sont de grands imitateurs. Si nous agissons devant eux avec empathie et gentillesse, ils essaieront de nous imiter. Jeannie Sayer explique que (comme nous tous, mais de façon plus évidente) les tout-petits ne peuvent se préoccuper des autres et les aider que s'ils se sentent en sécurité et sûrs d'eux-mêmes. C'est pourquoi le tout-petit est capable de partager avec joie quand il a lui-même décidé de le faire, mais pas quand il s'y sent obligé. Lorsqu'il peut compter sur l'appui de papa et de maman, il sait que son bien-être n'est pas menacé!

Observez les sentiments (les siens et ceux des autres) et parlez-en. Avec un tout-petit, il faut aborder cela très simplement: «Grand-papa sera très content de te voir.» «Ce clown t'a-t-il fait peur?» «On a du plaisir à cette fête, mais Anna se sent intimidée. Elle a besoin de s'asseoir avec sa maman pour l'instant.» Vous introduisez ainsi deux concepts assez complexes: on peut nommer les sentiments même si on ne les voit pas, et tout le monde n'éprouve pas la même chose que lui.

Faites-lui ressentir une gamme appropriée d'émotions. Il ne s'agit pas de bouleverser votre tout-petit avec des films d'épouvante, des batailles sanguinaires et des histoires terrifiantes. Vous voulez encourager l'empathie et non les cauchemars! Mais Jeannie Sayer explique que «si nous protégeons artificiellement nos enfants des émotions inconfortables, ce sera plus difficile pour eux de comprendre les sentiments des autres».

Par-dessus tout, n'oubliez pas d'exprimer votre appréciation et votre approbation quand votre tout-petit se montre gentil et généreux, même si les résultats ne sont pas toujours positifs. Quand tante Florence se frappe la tête contre l'armoire, elle sera peut-être surprise de voir que la petite Chloé lui offre sa sucette pour la réconforter. Lorsque votre bébé a mal au ventre, il n'a sûrement pas besoin d'être embrassé maladroitement par son frère de deux ans... Mais la générosité qui anime les tout-petits qui font ces gestes compatissants, voilà ce dont tous ont besoin.

trucs & conseils

Conseils pour l'apprentissage de la gentillesse

Danielle Laporte, auteur et psychologue clinicienne et Joe-Ann Benoît, auteur et conférencière offrent quelques suggestions simples pour mettre votre tout-petit sur le chemin d'un comportement aimable et généreux.

- Faites-lui sentir que vous l'aimez. «Les parents ont un rôle à jouer pour favoriser le développement moral de leur enfant. Ils doivent accepter qu'un jeune enfant n'agisse pas en fonction de principes mais plutôt par rapport à son besoin d'être jugé et aimé par ses parents.»
- Enseignez-leur le mot «gentil» en démontrant votre approbation lorsqu'il agit en conséquence.
- Jouez à donner et à recevoir. «Je te donne ceci si tu me donnes cela.» Essayez quelques trucs: accompagnez le tout-petit dans l'apprentissage de l'échange. «Oui, tu veux lui prendre son livre, mais que proposes-tu à la place?»

Le passage à une autre étape

Les petits de deux ans ont bien mauvaise réputation! En fait, cette «année terrible» a acquis le statut légendaire de deuxième période la plus redoutée de l'enfance, immédiatement derrière la «difficile adolescence». Même Penelope Leach, défenseur inconditionnelle des enfants, décrit les tout-petits en termes peu flatteurs, comparativement aux enfants d'âge préscolaire: «Ils cessent alors d'être de petites personnes désordonnées, imprévisibles et souvent rebelles [les tout-petits] pour devenir des êtres humains plutôt coopératifs, agréables et faciles à contenter [les enfants d'âge préscolaire].»

Ne croyez cependant pas tout ce que vous lisez. Il ne poussera pas des crocs et des cornes à votre tout-petit le jour de son deuxième anniversaire! En fait, pour plusieurs d'entre nous, cette période de la vie de nos enfants a été la préférée. Pourquoi?

Ils parlent maintenant. «J'aime la liberté qui vient avec le langage, dit Mylène Collette, la maman d'Anaëlle (deux ans). On peut discuter de ce qui va se passer. Elle peut négocier plutôt que de faire une crise. Et je peux comprendre ce qui la dérange.» En camping récemment, Anaëlle était inexplicablement énervée à la vue des matelas pneumatiques sur la plage (elle dormait sur un matelas pneumatique dans leur tente). C'est seulement quand la petite s'est enfin écriée: «Mon matelas n'ira pas dans l'eau!», que Mylène et son mari ont pu la rassurer qu'elle n'allait pas un jour se réveiller en plein milieu du lac.

Mylène apprécie aussi comment le langage révèle «l'évolution de son imagination et de son sens de l'humour. Mon petit garçon, par exemple, dit un jour en regardant un verre cassé qu'on lui a interdit de toucher: "Ouais. Ça pourrait aller jusque chez mamie et tomber dans sa nourriture." Le fils d'un voisin, parlant avec enthousiasme de sa routine à l'heure du coucher, conclut: "Ça sera vraiment super, papa!" Ils ont de ces phrases, ces tout-petits...»

Quand les enfants commencent à parler, nous entrevoyons leur façon de penser et d'apprendre. «Papa, c'est là qu'on est allés!» s'écrie une petite, tout excitée devant les photos de vacances de l'an dernier. Il est quand même incroyable qu'elle se souvienne encore de cet événement déjà lointain.

Ils apprennent à un rythme effréné. La manière dont les tout-petits affrontent la vie est tout simplement merveilleuse. «Tout à coup, ils ont des capacités étonnantes, dit

Sue Fortin. Ce qu'ils entreprennent fait même peur, parfois. Mais on ne peut qu'admirer leur détermination et leur persistance.» Un adulte ayant la capacité d'apprendre d'un enfant de deux ans serait effectivement formidable.

Ils sont si petits et si mignons. Dans un an, votre tout-petit sera déjà un enfant d'âge préscolaire à la silhouette élancée. Et c'est très bien. Mais ce sera bientôt la fin des caresses de «bébé», et vous ne pourrez plus le transporter confortablement dans vos bras pour de longues distances, ni le faire voler comme un avion, le bercer longuement dans vos bras ou le chatouiller quinze fois de suite juste pour entendre son rire de lutin. Avec un enfant plus grand, ces signes d'affection seront toujours possibles, quoique moins faciles!

Ils sont absolument charmants. Un tout-petit de bonne humeur est capable de charmer n'importe qui. Regardez-le danser et chanter avec la musique, jouer à chat, chuchoter à son nounours, donner un baiser à votre doigt endolori, bavarder avec mamie. Charmant, n'est-ce pas?

«A cet âge, même leurs actes pour s'affirmer sont mignons», dit Sue Fortin. A un récent salon du livre à l'école, les visiteurs ont souri à un tout-petit qui disait d'un air défiant à son papa en tapant du pied: «Non, on ne part pas tout de suite! Et je suis sérieux!» Même le père, en entendant sa propre expression dans la bouche de son fils, a éclaté de rire.

Ils vous aiment inconditionnellement. A moins qu'il ne soit inspiré par un frère ou une sœur plus âgé, votre tout-petit ne vous dira pas que vous avez mauvaise haleine, que vos vêtements sont démodés ou que vos règlements sont idiots. Vous pouvez provoquer sa colère (parfois une *très* grosse colère), mais il ne voit pas du tout vos défauts. Il faut définitivement l'apprécier... avant que cela ne change!

Il existe chez les tout-petits une intensité vitale, parce qu'ils sont à la fois bébés et enfants. Ils sont maintenant conscients de leur volonté et de leurs capacités, même s'ils ne réussissent pas tout ce qu'ils entreprennent. Mais ils n'ont pas encore rejeté leur dépendance de bébés et ont encore besoin d'être assurés de votre protection et de votre amour. Bien sûr, c'est aussi de là que proviennent les conflits et les frustrations de cet âge. Votre tout-petit vous supplie par exemple de l'emmener chez un ami. Arrivé là, il s'agrippe à vous, incapable de jouer avec son copain. Il a peur d'une toute petite mouche, mais il essaie de caresser le lion au zoo!

Célébrez les efforts que fait votre tout-petit pour grandir. Aidez-le aussi à trouver des façons appropriées d'exprimer son indépendance. Et surtout, chérissez tout autant le bébé qu'il est encore un peu que l'enfant qui émerge. Il vous manquera quand il aura disparu.

Lectures recommandées

Voici une liste d'ouvrages généraux et thématiques particulièrement utiles pour vous aider à comprendre, à guider ou simplement à vivre avec un tout-petit:

Ouvrages généraux

L'accueil de la petite enfance, Oliver David, PUF, Paris, 2000.

La petite enfance, pratiques et politiques, L'Harmattan, Paris, 1998.

Mon bébé, je l'attends, je l'élève, Elizabeth Fenwick, Sélection du Reader's Digest, Montréal, 1997.

Vie émotionnelle du tout-petit, Alicia F. Lieberman, Odile Jacob, Paris, 1997.

Points forts: les moments essentiels du développement de votre enfant, T. Berry Brazelton, Stock, 1993 – Paris, LGF, 1996.

Stimulez le développement de votre enfant de la naissance à l'âge scolaire, Dr Miriam Stoppard, Libre Expression, Montréal, 1996.

Le bébé est un combat, Bernard Martino, TF1 Editions, Paris, 1995.

Les grands besoins des tout-petits, vivre en harmonie avec les enfants de 0 à 6 ans, Germain Duclos, Danielle Laporte, Jacques Ross, Les éditions Héritage, Saint-Lambert, 1994.

Votre enfant: de la naissance à la grande école, Penelope Leach, Albin Michel, Paris, 1990.

Ouvrages thématiques

La scolarisation à deux ans, Agnès Florin, INRP, Paris, 2000.

Le Magazine Enfants Québec, Joe-Ann Benoît, «Bébé arrive à la maison», vol. 9, no 6, juin-juillet 1997; «C'est juste à moi!», vol. 10, no 2, octobre-novembre 1997; «Petits et grands, Purées maison», vol. 11, no 5, avril-mai 1999; Germain Duclos, «Lire, c'est l'aventure», vol. 9, no 2, automne 1996; Danielle Laporte, «La générosité ou l'art de dire je t'aime», vol. 11, no 1, août-septembre 1998; France Paradis, «La valse du dodo», vol. 12, no 2, octobre 1999.

Le grand livre de bébé bouffe, plus de 200 recettes faciles, rapides et nutritives, Annabel Karmel, Guy Saint-Jean Editeur, Laval, 1998.

Le sommeil, le rêve et l'enfant, Marie-Josèphe Challamel et Marie Thirion, Albin Michel, Paris, 1997.

Le sommeil: le comprendre et l'améliorer, ses troubles et ses remèdes, Paul Caldwell, Guy Saint-Jean Editeur, Laval, 1997.

Etre parent dans un monde de fous, Yves Lamontagne, Guy Saint-Jean Editeur, Laval, 1997.

Comment nourrir son enfant, du lait maternel au repas complet, Louise Lambert-Lagacé, Editions de l'Homme, Montréal, 1996.

Sur les pas de la Maison verte, des lieux d'accueil pour les enfants et leurs parents, Syros, Paris, 1995 (l'expérience de Françoise Dolto sur l'adaptation à la vie sociale et en particulier à la crèche).